365 ENSINAMENTOS PARA SER UM *bom cristão*

365 ENSINAMENTOS PARA SER UM *bom cristão*

São Paulo
2020

Grupo Editorial
UNIVERSO DOS LIVROS

Diretor editorial: **Luis Matos**
Gerente editorial: **Marcia Batista**
Assistentes editoriais: **Letícia Nakamura e Raquel F. Abranches**
Revisão: **Juliana Gregolin**
Arte: **Valdinei Gomes**
Capa: **Vitor Martins**

Dados Internacionais de Catalogação na Publicação (CIP)
Angélica Ilacqua CRB-8/7057

T741

365 ensinamentos para ser um bom cristão. — São Paulo : Universo dos Livros, 2020.
128 p.

ISBN 978-65-5609-004-7

1. Literatura devocional 2. Vida cristã 3. Mensagens 4. Devoções diárias

20-2276 CDD 242.2

Universo dos Livros Editora Ltda.
Avenida Ordem e Progresso, 157 – 8º andar – Conj. 803
CEP 01141-030 – Barra Funda – São Paulo/SP
Telefone/Fax: (11) 3392-3336
www.universodoslivros.com.br
e-mail: editor@universodoslivros.com.br
Siga-nos no Twitter: @univdoslivros

Sumário

Introdução

"Portanto, quem ouve estas minhas palavras e as pratica é como um homem prudente que construiu a sua casa sobre a rocha. Caiu a chuva, transbordaram os rios, sopraram os ventos e deram contra aquela casa, e ela não caiu, porque tinha seus alicerces na rocha."

Mateus 7:24-25

Todo bom cristão sabe que uma vida digna aos olhos de Deus só pode ser conquistada quando Seus ensinamentos não se tornam apenas palavras encerradas em uma Bíblia escondida na estante, mas o alimento diário que nutre e renova. A Palavra do Senhor, da qual nosso cotidiano cheio de obrigações tanto insiste em nos afastar, nos oferece alento nas horas mais difíceis e desperta nossos melhores sentimentos diante das manifestações de Sua Graça. E não há demonstração mais honrada e respeitosa de gratidão pela dádiva de nossas vidas do que viver sob os preceitos dessa Palavra, manifestando sua virtude entre nossos familiares, amigos e irmãos ao redor do mundo.

Aqui, o cristão que deseja renovar sua fé e seu papel diante do Senhor encontrará uma obra carinhosamente idealizada tanto para os jovens quanto para os mais velhos, dotada de passagens bíblicas, parábolas e versículos que nos lembram da importância do amor, da misericórdia e do perdão como os grandes valores difundidos por Nosso Senhor Jesus Cristo, além de trazer pensamentos bíblicos sobre temas como a família, a amizade e o trabalho.

Na presente obra, há para todos nós um conselho, um aviso ou um afago – um para cada dia do ano, às vezes pontuados por reflexões que ressaltam a grandeza moral dos ensinamentos. Eis 365 formas de servir ao Senhor onde quer que você esteja, de abençoar sua vida e iluminar o caminho diante de si para desfrutar do verdadeiro significado de ser um bom cristão. Que sejamos inundados pelo amor do nosso Pai e jamais nos esqueçamos da eternidade de seus ensinamentos, pois como disse Jesus no Evangelho de Mateus, "o céu e a terra passarão, mas as minhas palavras não hão de passar."

Uma boa leitura e que a paz de Deus reine sobre todos nós.

Amizade

"Se um cair, o amigo pode ajudá-lo a levantar-se. Mas pobre do homem que cai e não tem quem o ajude a levantar-se!"

Eclesiastes 4:10

Deus nos criou irmãos para que cuidássemos uns dos outros, e qualquer pessoa orgulhosa o bastante para pensar que é suficiente por si só contradiz o desejo do Pai para com seus filhos e provoca seu próprio infortúnio. Não se vive e não se vence sozinho neste mundo; dê valor às amizades para se fortalecer e agradar a Deus.

"Amados, amemo-nos uns aos outros, pois o amor procede de Deus. Aquele que ama é nascido de Deus e conhece a Deus."

1 João 4:7

"O amigo ama em todos os momentos; é um irmão na adversidade."

Provérbios 17:17

"Um homem sozinho pode ser vencido, mas dois conseguem defender-se. Um cordão de três dobras não se rompe com facilidade."

Eclesiastes 4:12

"Um homem desesperado deve receber a compaixão de seus amigos, muito embora ele tenha abandonado o temor do Todo-poderoso."

Jó 6:14

Quem somos nós para julgar as atitudes de um amigo? Todos somos pecadores, e se o Pai nos acolhe em sua infinita misericórdia, devemos aos nossos amigos um apoio incondicional. Menos dedos apontados e mais braços abertos, como quem diz: "Estou com você, meu irmão."

"Ninguém tem maior amor do que este, de dar alguém a sua vida pelos seus amigos."

João 15:13

"Perfume e incenso trazem alegria ao coração; do conselho sincero do homem nasce uma bela amizade. Não abandone o seu amigo nem o amigo de seu pai; quando for atingido pela adversidade não vá para a casa de seu irmão; melhor é o vizinho próximo do que o irmão distante."

Provérbios 27:9-10

Pense neste momento nas pessoas à sua volta. Você cuida para que elas sejam suas amigas? Está ao lado delas quando mais precisam? Se não, empenhe-se neste papel e seja exemplo na sua comunidade para que seus próximos encontrem suporte uns nos outros, sem buscar em outros lugares o que podem encontrar a alguns passos de distância, como é o desejo de nosso Pai.

"A resposta sincera é sinal de uma amizade verdadeira."

Provérbios 24:26

"É mais difícil ganhar de novo a amizade de um amigo ofendido do que conquistar uma fortaleza; as discussões estragam as amizades."

Provérbios 18:19

"Leais são as feridas feitas pelo amigo, mas os beijos do inimigo são enganosos."

Provérbios 27:6

O verdadeiro amigo é aquele que nos conta a verdade que não queremos ouvir. Por mais cortantes que sejam suas palavras, é dele a voz da razão, como se Deus falasse por seus lábios para tirar-nos de um caminho obscuro – à diferença das palavras do diabo, que são suaves e sedutoras apenas para nos arrastar à perdição.

"Dediquem-se uns aos outros com amor fraternal. Prefiram dar honra aos outros mais do que a si próprios."

Romanos 12:10

"Ninguém jamais viu a Deus; se nos amarmos uns aos outros, Deus permanece em nós, e o seu amor está aperfeiçoado em nós."

1 João 4:12

"Já não os chamo servos, porque o servo não sabe o que o seu senhor faz. Em vez disso, eu os tenho chamado amigos, porque tudo o que ouvi de meu Pai eu tornei conhecido a vocês."

João 15:15

Jesus, em sua comovente humildade, nos chama neste ensinamento para a comunhão; enquanto ele compartilha a Palavra do Pai para aproximar os demais de si, devemos compartilhar nossas próprias alegrias e angústias com nossos amigos e ouvir o que eles têm a dizer para que nos tornemos mais próximos entre si e de nosso Pai.

Amor

"Respondeu Jesus: 'Ame o Senhor, o seu Deus de todo o seu coração, de toda a sua alma e de todo o seu entendimento'. Este é o primeiro e maior mandamento. E o segundo é semelhante a ele: 'Ame o seu próximo como a si mesmo'."

Mateus 22:37-39

Deus, em sua infinita sabedoria, nos mostra neste momento a importância de colocar o Amor pelo Pai e pelo próximo acima de todas as coisas, porque quando este sentimento rege as nossas ligações com as coisas da Terra e do Céu, não há espaço para a maldade, a discórdia e o sofrimento.

"O amor deve ser sincero. Odeiem o que é mau; apeguem-se ao que é bom."

Romanos 12:9

"Não devam nada a ninguém, a não ser o amor de uns pelos outros, pois aquele que ama seu próximo tem cumprido a lei."

Romanos 13:8

"Amem, porém, os seus inimigos, façam-lhes o bem e emprestem a eles, sem esperar receber nada de volta. Então, a recompensa

que terão será grande e vocês serão filhos do Altíssimo, porque ele é bondoso para com os ingratos e maus."

Lucas 6:35

Parece uma tarefa bastante difícil tratar com amor aqueles que nos fazem mal. Porém, é quando jogamos rosas aos que nos lançam pedras que refletimos o exemplo de nosso piedoso Pai, que reconhece nestes filhos a fidelidade à Sua Palavra.

"Ainda que eu fale as línguas dos homens e dos anjos, se não tiver amor, serei como o sino que ressoa ou como o prato que retine. Ainda que eu tenha o dom de profecia e saiba todos os mistérios e todo o conhecimento, e tenha uma fé capaz de mover montanhas, mas não tiver amor, nada serei. Ainda que eu dê aos pobres tudo o que possuo e entregue o meu corpo para ser queimado, mas não tiver amor, nada disso me valerá. O amor é paciente, o amor é bondoso. Não inveja, não se vangloria, não se orgulha. Não maltrata, não procura seus interesses, não se ira facilmente, não guarda rancor. O amor não se alegra com a injustiça, mas se alegra com a verdade. Tudo sofre, tudo crê, tudo espera, tudo suporta. O amor nunca perece; mas as profecias desaparecerão, as línguas cessarão, o conhecimento passará."

1 Coríntios 13:1-8

"O ódio provoca dissensão, mas o amor cobre todos os pecados."

Provérbios 10:12

Quando provocamos a discórdia ou alimentamos o rancor, nosso coração se torna pesado e sombrio; diferente do coração daquele que ama e faz bem ao próximo, que é leve e cheio de luz. Que possamos nutrir nosso coração de amor, porque é este o sentimento que extingue as maldades do mundo e agrada ao Pai.

"Ouvistes que foi dito: Amarás o teu próximo, e odiarás o teu inimigo. Mas eu lhes digo: Amem os seus inimigos e orem por aqueles que os perseguem, para que vocês venham a ser filhos de seu Pai que está nos céus. Porque ele faz raiar o seu sol sobre maus e bons e derrama chuva sobre justos e injustos."

Mateus 5:43-45

"Como o Pai me amou, assim eu os amei; permaneçam no meu amor. Se vocês obedecerem aos meus mandamentos, permanecerão no meu amor, assim como tenho obedecido aos mandamentos de meu Pai e em seu amor permaneço."

João 15:9-10

"Todas as vossas coisas sejam feitas com amor."

1 Coríntios 16:14

Para refletir sobre este ensinamento, imaginemos nossa própria comida. Se a preparamos com descaso e sentimentos ruins, quem se servir desta comida não gostará de seu sabor e ficará triste – ou mesmo doente. Porém, se a preparamos com amor, seu sabor torna-se bom e as pessoas que dela provam ficam felizes, porque sentem que aquela comida foi feita de coração. É assim que devemos fazer todas as coisas na vida, para que o amor em nossas obras inspire outras pessoas e torne o mundo melhor.

"Pois estou convencido de que nem morte nem vida, nem anjos nem demônios, nem o presente nem o futuro, nem quaisquer poderes, nem altura nem profundidade, nem qualquer outra coisa na criação será capaz de nos separar do amor de Deus que está em Cristo Jesus, nosso Senhor."

Romanos 8:38-39

"Revesti-vos, pois, como eleitos de Deus, santos e amados, de entranhas de misericórdia, de benignidade, humildade, mansidão, longanimidade; suportando-vos uns aos outros, e perdoando-vos uns aos outros, se alguém tiver queixa contra outro; assim como Cristo vos perdoou, assim fazei vós também.

E, sobre tudo isto, revesti-vos de amor, que é o vínculo da perfeição."

Colossenses 3:12-14

"Nós sabemos que passamos da morte para a vida, porque amamos os irmãos. Quem não ama a seu irmão permanece na morte."

1 João 3:14

Amar não significa apenas demonstrar cuidado ou carinho; amar é o maior e mais forte dos sentimentos, que nos tira de uma existência sem sentido e nos acorda para a vida em comunhão com Deus e os próximos. Não sejamos, portanto, vãos; amemos com sinceridade para dignificar o mandamento do Pai e Nele viver.

"E nós conhecemos, e cremos no amor que Deus nos tem. Deus é amor; e quem está em amor está em Deus, e Deus nele.

Nisto é perfeito o amor para conosco, para que no dia do juízo tenhamos confiança; porque, qual ele é, somos nós também neste mundo. No amor não há temor, antes o perfeito amor lança fora o temor; porque o temor tem consigo a pena, e o que teme não é perfeito em amor. Nós o amamos porque ele nos amou primeiro.

Se alguém diz: Eu amo a Deus, e odeia a seu irmão, é mentiroso. Pois quem não ama a seu irmão, ao qual viu, como pode amar a Deus, a quem não viu?"

1 João 4:16-20

"Porque esta é a mensagem que ouvistes desde o princípio: que nos amemos uns aos outros."

1 João 3:11

"Aquele que não ama não conhece a Deus; porque Deus é amor. Nisto se manifestou o amor de Deus para conosco: que Deus enviou seu Filho unigênito ao mundo, para que por ele vivamos.

Nisto está o amor, não em que nós tenhamos amado a Deus, mas em que ele nos amou a nós, e enviou seu Filho para propiciação pelos nossos pecados."

1 João 4:8-10

Não há e nunca haverá demonstração maior de amor pela humanidade do que o ato de sacrifício de Deus, que deu seu Filho por nossa Salvação. E como o honramos diante da imensidão deste sacrifício se não amando incondicionalmente ao Pai e ao próximo? Demonstre sua gratidão por seus atos de amor, e Deus saberá que não foi em vão.

"Mas, sobretudo, tende ardente amor uns para com os outros; porque o amor cobrirá a multidão de pecados."

1 Pedro 4:8

"Porque Deus amou o mundo de tal maneira que deu o seu Filho unigênito, para que todo aquele que nele crê não pereça, mas tenha a vida eterna."

João 3:16

"Aquele que tem os meus mandamentos e os guarda, esse é o que me ama; e aquele que me ama será amado de meu Pai, e eu o amarei, e me manifestarei a ele. Disse-lhe Judas (não o Iscariotes): Senhor, de onde vem que te hás de manifestar a nós, e não ao mundo? Jesus respondeu, e disse-lhe: Se alguém me ama, guardará a minha palavra, e meu Pai o amará, e viremos para ele, e faremos nele morada."

João 14:21-23

Quando guardamos os ensinamentos de Deus e Cristo conosco, é como se Ele vivesse em nós. Mas apenas encerrá-los em si não é suficiente; é preciso, tal qual os seguidores de Cristo, espalhar a Palavra para inspirar nossos irmãos, como um ato de amor a eles e, acima de tudo, ao nosso sempre misericordioso Criador.

"Mas Deus prova o seu amor para conosco, em que Cristo morreu por nós, sendo nós ainda pecadores."

Romanos 5:8

"Todo aquele que crê que Jesus é o Cristo, é nascido de Deus; e todo aquele que ama ao que o gerou também ama ao que dele é nascido. Nisto conhecemos que amamos os filhos de Deus, quando amamos a Deus e guardamos os seus mandamentos. Porque este é o amor de Deus: que guardemos os seus mandamentos; e os seus mandamentos não são pesados."

1 João 5:1-3

"E o Senhor vos aumente, e faça crescer em amor uns para com os outros, e para com todos, como também o fazemos para convosco."

1 Tessalonicenses 3:12

"Assim devem os maridos amar as suas próprias mulheres, como a seus próprios corpos. Quem ama a sua mulher, ama-se a si mesmo. Porque nunca ninguém odiou a sua própria carne; antes a alimenta e sustenta, como também o Senhor à igreja."

Efésios 5:28-29

Quando você maltrata e inferioriza seu cônjuge, ofende não apenas a dignidade desta pessoa, mas também ao próprio Pai, que deu a vida e sacralizou a união de ambos. Não sucumba à raiva ou ao sentimento de posse; somos todos Filhos de Deus, e todos devemos ser tratados com amor e respeito, sobretudo os que se tornaram um diante do Criador.

"Eu amo aos que me amam, e os que cedo me buscarem, me acharão."

Provérbios 8:17

"O Senhor teu Deus, o poderoso, está no meio de ti, ele salvará; ele se deleitará em ti com alegria; calar-se-á por seu amor, regozijar-se-á em ti com júbilo."

Sofonias 3:17

"E Jesus, respondendo, disse: Em verdade vos digo que ninguém há, que tenha deixado casa, ou irmãos, ou irmãs, ou pai, ou mãe, ou mulher, ou filhos, ou campos, por amor de mim e do evangelho, que não receba cem vezes tanto, já neste tempo, em casas, e irmãos, e irmãs, e mães, e filhos, e campos, com perseguições; e no século futuro a vida eterna."

Marcos 10:29-30

O amor que sentimos por nosso Pai e por sua Palavra pode, muitas vezes, exigir que façamos escolhas difíceis e sacrifiquemos coisas importantes para nossa existência. Não tema em tomar a decisão que mais lhe pareça justa aos olhos de Deus, pois sua devoção será reconhecida pelo Criador e te dará frutos imensuráveis.

"Entre os quais todos nós também antes andávamos nos desejos da nossa carne, fazendo a vontade da carne e dos pensamentos; e éramos por natureza filhos da ira, como os outros também. Mas Deus, que é riquíssimo em misericórdia, pelo seu muito amor com que nos amou, estando nós ainda mortos em nossas ofensas, nos vivificou juntamente com Cristo (pela graça sois salvos). E nos ressuscitou juntamente com ele e nos fez assentar nos lugares celestiais, em Cristo Jesus."

Efésios 2:3-6

"O amor não faz mal ao próximo. De sorte que o cumprimento da lei é o amor."

Romanos 13:10

"Quem, pois, tiver bens do mundo e, vendo o seu irmão necessitado, lhe cerrar o seu coração, como estará nele o amor de Deus?"

1 João 3:17

Os fiéis e piedosos Filhos de Deus, por mais necessitados que estejam, sempre terão um pedaço de pão, um pouco de cobertor e um pequeno afazer para oferecer a alguém que sofra de forma ainda pior com a fome, o frio e o desemprego. Quanto àqueles que se negam a ajudar, sobretudo os que dispõem de mais bens que a vista pode alcançar, que recebam a misericórdia de Deus pela escuridão de seus corações vazios.

"Como é precioso o teu amor, ó Deus! Os homens encontram refúgio à sombra das tuas asas. Eles se banqueteiam na fartura da tua casa; tu lhes dás de beber do teu rio de delícias. Pois em ti está a fonte da vida; graças à tua luz, vemos a luz."

Salmos 36:7-9

Esperança

"Retenhamos firmes a confissão da nossa esperança; porque fiel é o que prometeu."

Hebreus 10:23

Apesar de toda a maldade e crueldade do mundo, jamais esqueçamos que a vida eterna aguarda os esperançosos Filhos de Deus que Nele depositam sua fé, suas dores e seu amor imensurável.

"Há um só corpo e um só Espírito, como também fostes chamados em uma só esperança da vossa vocação."

Efésios 4:4

"Porque em esperança fomos salvos. Ora a esperança que se vê não é esperança; porque o que alguém vê como o esperará? Mas, se esperamos o que não vemos, com paciência o esperamos."

Romanos 8:24-25

"Por que estás abatida, ó minha alma, e por que te perturbas dentro de mim? Espera em Deus, pois ainda o louvarei, o qual é a salvação da minha face, e o meu Deus."

Salmos 42:11

Ficamos aflitos quando as dúvidas e inquietações atingem nossas almas, como se elas pudessem abalar nosso relacionamento com Deus. Ora, elas são naturais e não definem sua devoção; do que jamais podemos duvidar é da importância de manter a esperança no Pai e na redenção.

"Ora o Deus de esperança vos encha de todo o gozo e paz em crença, para que abundeis em esperança pela virtude do Espírito Santo."

Romanos 15:13

"A minha porção é o Senhor, diz a minha alma; portanto esperarei nele."

Lamentações 3:24

"Esforçai-vos, e ele fortalecerá o vosso coração, vós todos que esperais no Senhor."

Salmos 31:24

"Antes, santificai ao Senhor Deus em vossos corações; e estai sempre preparados para responder com mansidão e temor a qualquer que vos pedir a razão da esperança que há em vós."

1 Pedro 3:15

Há como explicar a esperança que habita o peito de todo filho devoto de Deus? Este sentimento é maior que nós, e encerra o amor e a convicção no Pai. Não há palavras que abranjam a benção de ser filho de Deus e nele esperar.

"Bem-aventurado aquele que tem o Deus de Jacó por seu auxílio, e cuja esperança está posta no Senhor seu Deus."

Salmos 146:5

"Amados, agora somos filhos de Deus, e ainda não é manifestado o que havemos de ser. Mas sabemos que, quando ele se manifestar, seremos semelhantes a ele; porque assim como é o veremos. E qualquer que nele tem esta esperança purifica-se a si mesmo, como também ele é puro."

1 João 3:2-3

A esperança que nutrimos em Jesus Cristo, Nosso Senhor, é salvadora; alivia nossos medos, alimenta nossas almas, fortalece nossos espíritos e nos torna, enfim, mais próximos de sua santidade.

"Tu és o meu refúgio e o meu escudo; espero na tua palavra."

Salmos 119:114

"Tendo sido, pois, justificados pela fé, temos paz com Deus, por nosso Senhor Jesus Cristo. Pelo qual também temos entrada pela fé a esta graça, na qual estamos firmes, e nos gloriamos na esperança da glória de Deus. E não somente isto, mas também nos gloriamos nas tribulações; sabendo que a tribulação produz a paciência, e a paciência a experiência, e a experiência a esperança. E a esperança não traz confusão, porquanto o amor de Deus está derramado em nossos corações pelo Espírito Santo que nos foi dado."

Romanos 5:1-5

"Mas os que esperam no Senhor renovarão as forças, subirão com asas como águias; correrão, e não se cansarão; caminharão, e não se fatigarão."

Isaías 40:31

Deus dá vigor inabalável aos que Nele depositam suas esperanças, tornando-os mais fortes para enfrentar as adversidades da vida na certeza de que são guardados por um Pai zeloso e dedicado.

"Ó minha alma, espera somente em Deus, porque dele vem a minha esperança."

Salmos 62:5

"A esperança adiada desfalece o coração, mas o desejo atendido é árvore de vida."

Provérbios 13:12

"Manda aos ricos deste mundo que não sejam altivos, nem ponham a esperança na incerteza das riquezas, mas em Deus, que abundantemente nos dá todas as coisas para delas gozarmos."

1 Timóteo 6:17

Os bens materiais causam uma ilusão de felicidade e segurança, e jamais podemos repousar neles nossa esperança; esta, tão valiosa, apenas se sustenta no Senhor, que dá aos filhos tudo o que o dinheiro não pode comprar, como o amor, a paz e a misericórdia.

"Bendito seja o Deus e Pai de nosso Senhor Jesus Cristo que, segundo a sua grande misericórdia, nos gerou de novo para uma viva esperança, pela ressurreição de Jesus Cristo dentre os mortos, para uma herança incorruptível, incontaminável, e que não se pode murchar, guardada nos céus para vós."

1 Pedro 1:3-4

"Alegrai-vos na esperança, sede pacientes na tribulação, perseverai na oração."

Romanos 12:12

"Com coisas tremendas em justiça nos responderás, ó Deus da nossa salvação; tu és a esperança de todas as extremidades da terra, e daqueles que estão longe sobre o mar."

Salmos 65:5

Não há filho neste mundo que esteja à par da vigilância zelosa do Pai, ainda que se encontre no canto mais ermo do mundo. Todos que sustentam a esperança no Senhor, onde quer que estejam, serão abençoados nesta vida e na Morada Eterna ao lado do Pai.

Família

"Filho meu, ouve a instrução de teu pai, e não deixes o ensinamento de tua mãe, porque serão como diadema gracioso em tua cabeça, e colares ao teu pescoço."

Provérbios 1:8-9

Quando você se veste dos valores cristãos transmitidos por seus pais, adorna-se de algo mais valioso que a prata e o ouro. Eis a verdadeira riqueza, que o Senhor há de multiplicar em bênçãos.

"Vós, filhos, sede obedientes a vossos pais no Senhor, porque isto é justo. Honra a teu pai e a tua mãe, que é o primeiro mandamento com promessa; para que te vá bem, e vivas muito tempo sobre a terra. E vós, pais, não provoqueis à ira a vossos filhos, mas criai-os na doutrina e admoestação do Senhor."

Efésios 6:1-4

"Goza a vida com a mulher que amas, todos os dias da tua vida vã, os quais Deus te deu debaixo do sol, todos os dias da tua vaidade; porque esta é a tua porção nesta vida, e no teu trabalho, que tu fizeste debaixo do sol."

Eclesiastes 9:9

"Filho meu, se o teu coração for sábio, alegrar-se-á o meu coração, sim, o meu próprio."

Provérbios 23:15

Assim como Deus se orgulha dos seus filhos devotos, os pais também se enchem de júbilo quando seus meninos e meninas expressam valores como o amor, a piedade e a sabedoria, pois entendem que seguem a Palavra ao multiplicar não só vidas, mas também a própria cristandade.

"Educa a criança no caminho em que deve andar; e até quando envelhecer não se desviará dele."

Provérbios 22:6

"[...] Se alguém não tem cuidado dos seus, e principalmente dos da sua família, negou a fé, e é pior do que o infiel."

1 Timóteo 5:8

Do que adianta frequentar a Casa de Deus e caminhar com a Bíblia em mãos se, diante do próximo ou dos próprios familiares, você é desrespeitoso e negligente? É na prática, e não nas aparências, que você revela sua verdadeira essência, e se esta essência se opõe aos valores transmitidos pelo Senhor, sua vida está entregue à perversidade.

"E eles disseram: Crê no Senhor Jesus Cristo e serás salvo, tu e a tua casa."

Atos 16:31

"O Senhor nosso Deus seja conosco, como foi com nossos pais; não nos desampare, e não nos deixe."

1 Reis 8:57

"O que amaldiçoa seu pai ou sua mãe, apagar-se-á a sua lâmpada em negras trevas."

Provérbios 20:20

Honrar pai e mãe é o Quinto Mandamento da Lei de Deus, e sua subversão ofende profundamente ao Senhor. Que Deus tenha misericórdia dos que se arrependem de tamanha afronta, porque aqueles que se mantêm inflexíveis encontram sua perdição.

"Oh! Quão bom e quão suave é que os irmãos vivam em união."

Salmos 133:1

"Eis que os filhos são herança do Senhor, e o fruto do ventre o seu galardão."

Salmos 127:3

"O que perturba a sua casa herdará o vento, e o tolo será servo do sábio de coração."

Provérbios 11:29

Muitas pessoas se prestam ao papel de importunar nossas famílias para aplacar sua inveja, ou dar conselhos vazios com ares de superiores para que se sintam donas da verdade. Ambas desagradam ao Senhor, e devem ser ignoradas para que a paz reine em seu lar e a paciência, no coração.

"Ouvi, filhos, a instrução do pai, e estai atentos para conhecerdes a prudência. Pois dou-vos boa doutrina; não deixeis a minha lei. Porque eu era filho tenro na companhia de meu pai, e único diante de minha mãe. E ele me ensinava e me dizia: Retenha o teu coração as minhas palavras; guarda os meus mandamentos, e vive. Adquire sabedoria, adquire inteligência, e não te esqueças nem te apartes das palavras da minha boca. Não a abandones e ela te guardará; ama-a, e ela te protegerá."

Provérbios 4:1-6

"E estas palavras, que hoje te ordeno, estarão no teu coração; e as ensinarás a teus filhos e delas falarás assentado em tua casa, e andando pelo caminho, e deitando-te e levantando-te."

Deuteronômio 6:6-7

A Palavra de Deus não foi feita para se encerrar na Bíblia ou em portas fechadas. Ela é o alicerce de todo filho do Criador, e deve estar presente em todos os momentos de sua vida, guiando suas ações e alimentando sua alma.

"Se suportais a correção, Deus vos trata como filhos; porque, que filho há a quem o pai não corrija?"

Hebreus 12:7

"Assim como um pai se compadece de seus filhos, assim o Senhor se compadece daqueles que o temem."

Salmos 103:13

Esse ensinamento nos convida a uma breve reflexão sobre a palavra "temer". Temer ao Senhor não significa amedrontar-se diante Dele, como uma criança se amedronta de um animal desconhecido. Significa respeitar incondicionalmente a soberania do Criador, e Nele reconhecer a sabedoria suprema para jamais contrariar Sua Palavra.

Fé

"Eu sou a videira verdadeira, e meu Pai é o agricultor. Todo ramo que, estando em mim, não dá fruto, ele corta; e todo que dá fruto ele poda, para que dê mais fruto ainda. Vocês já estão limpos, pela palavra que lhes tenho falado. Permaneçam em mim, e eu permanecerei em vocês. Nenhum ramo pode dar fruto por si mesmo se não permanecer na videira. Vocês também não podem dar fruto se não permanecerem em mim. Eu sou a videira; vocês são os ramos. Se alguém permanecer em mim e eu nele, esse dará muito fruto; pois sem mim, vocês não podem fazer coisa alguma. Se alguém não permanecer em mim, será como o ramo que é jogado fora e seca. Tais ramos são apanhados, lançados ao fogo e queimados. Se vocês permanecerem em mim, e as minhas palavras permanecerem em vocês, pedirão o que quiserem, e lhes será concedido. Meu Pai é glorificado pelo fato de vocês darem muito fruto; e assim serão meus discípulos."

João 15:1-8

"O que é nascido de Deus vence o mundo; e esta é a vitória que vence o mundo: a nossa fé."

1 João 5:4

Existe algo que seja mais poderoso que a nossa fé? Podemos ter força, confiança e até mesmo exércitos ao nosso dispor, mas se falharmos em crer no Pai e ignorarmos este poder invisível que move montanhas, estaremos fadados ao eterno fracasso. Confia em Deus e na tua fé, e a vitória virá.

"Já estou crucificado com Cristo; e vivo, não mais eu, mas Cristo vive em mim; e a vida que agora vivo na carne, vivo-a pela fé do Filho de Deus, o qual me amou, e se entregou a si mesmo por mim."

Gálatas 2:20

"Disse-lhe Jesus: Eu sou a ressurreição e a vida; quem crê em mim, ainda que esteja morto, viverá; e todo aquele que vive, e crê em mim, nunca morrerá. Crês tu isto?"

João 11:25-26

A fé em Cristo, nosso Salvador, nos torna eternos. Alimente-se de sua Palavra e viva Nele para que sua existência terrena seja abençoada e sua vida na Morada Eterna se encha de júbilo.

"E Jesus disse-lhe: Se tu podes crer, tudo é possível ao que crê."

Marcos 9:23

"Ora, a fé é o firme fundamento das coisas que se esperam, e a prova das coisas que se não veem."

Hebreus 11:1

Muitos duvidam da fé, menosprezando sua capacidade de mover o mundo. Mas aquele cuja vida se enche de propósito pela fé no "invisível" conhece seu poder transformador e o que ela proporciona aos Filhos devotos do Senhor, que jamais são desapontados por suas infinitas recompensas.

"Porque, assim como o corpo sem o espírito está morto, assim também a fé sem obras é morta."

Tiago 2:26

"Em que vós grandemente vos alegrais, ainda que agora importa, sendo necessário, que estejais por um pouco contristados com várias tentações, para que a prova da vossa fé, muito mais preciosa do que o ouro que perece e é provado pelo fogo, se ache em louvor, e honra, e glória, na revelação de Jesus Cristo; ao qual, não o havendo visto, amais; no qual, não o vendo agora, mas crendo, vos alegrais com gozo inefável e glorioso; alcançando o fim da vossa fé, a salvação das vossas almas."

1 Pedro 1:6-9

Nossos olhos não podem ver o Pai e Jesus Cristo, mas Os sentimos no peito e desfrutamos de Sua presença gloriosa em todo ato de amor, bondade e pacificação, é esse milagre que provém de nossa fé.

"E Jesus lhes disse: Eu sou o pão da vida; aquele que vem a mim não terá fome, e quem crê em mim nunca terá sede."

João 6:35

"Por isso vos digo que todas as coisas que pedirdes, orando, crede receber, e tê-las-eis."

Marcos 11:24

"Ora, sem fé é impossível agradar-lhe; porque é necessário que aquele que se aproxima de Deus creia que ele existe, e que é galardoador dos que o buscam."

Hebreus 11:6

A fé não consiste em palavras da boca pra fora; há de se ter plena convicção na salvação de sua alma pelo Pai, que sabe das verdadeiras intenções no coração de cada filho.

"Estai, pois, firmes, tendo cingidos os vossos lombos com a verdade, e vestida a couraça da justiça; e calçados os pés na preparação do evangelho da paz; tomando sobretudo o escudo da fé, com o qual podereis apagar todos os dardos inflamados do maligno."

Efésios 6:14-16

"Porque todos sois filhos de Deus pela fé em Cristo Jesus. Porque todos quantos fostes batizados em Cristo já vos revestistes de Cristo."

Gálatas 3:26-27

"Vigiai, estai firmes na fé; portai-vos varonilmente, e fortalecei-vos."

1 Coríntios 16:13

O mundo pode ser um lugar desencorajador em muitos momentos. Nos cabe, portanto, revigorar constantemente nossa fé em Cristo e no Pai para reunir o poder necessário de afastar o Mal e trazer a paz a si próprio.

"Disse-lhe Jesus: Não te hei dito que, se creres, verás a glória de Deus?"

João 11:40

"E, se algum de vós tem falta de sabedoria, peça-a a Deus, que a todos dá liberalmente, e o não lança em rosto, e ser-lhe-á dada.

Peça-a, porém, com fé, em nada duvidando; porque o que duvida é semelhante à onda do mar, que é levada pelo vento, e lançada de uma para outra parte."

Tiago 1:5-6

Sejamos humildes e convictos em nossa fé quando nos dirigirmos ao Senhor. Nosso Pai, sempre zeloso e atento, sabe do que precisamos, e a ele devemos nossa honestidade e devoção.

Generosidade

"Aparta-te do mal, e faze o bem; procura a paz, e segue-a."

Salmos 34:14

Não é fácil lidar com a maldade das pessoas, tampouco perseguir a paz num mundo onde há tanta discórdia. Mas aquele que é fiel ao Pai persiste na Sua Palavra, e nela encontra forças para fazer da generosidade e da paz os instrumentos de sua salvação.

"E qual é aquele que vos fará mal, se fordes seguidores do bem?"

1 Pedro 3:13

"Dá a quem te pedir, e não te desvies daquele que quiser que lhe emprestes."

Mateus 5:42

"Cada um contribua segundo propôs no seu coração; não com tristeza, ou por necessidade; porque Deus ama ao que dá com alegria."

2 Coríntios 9:7

Se você doa porque teme uma "punição divina" ou sente pena de abrir mão do seu dinheiro, repense sua relação com a caridade. O ato da doação é o reconhecimento de que todos somos irmãos e devemos cuidar uns dos outros. Não importa quão rico ou pobre você seja, há sempre alguém mais necessitado que precisa de sua ajuda, e se você acode esta pessoa com o coração zeloso de um irmão, Deus reconhece em ti um filho sincero e misericordioso.

"Confia no Senhor e faze o bem; habitarás na terra, e verdadeiramente serás alimentado."

Salmos 37:3

"O que tapa o seu ouvido ao clamor do pobre, ele mesmo também clamará e não será ouvido."

Provérbios 21:13

Para todas as nossas ações, há consequências. Se você ignora, despreza ou ofende o próximo, é indiferença, desprezo e ofensa que recebe em retorno, portanto dê sempre o melhor de si em cada um de seus atos para presenciar a graça de Deus recaindo sobre sua vida.

"Quando, pois, deres esmola, não faças tocar trombeta diante de ti, como fazem os hipócritas nas sinagogas e nas ruas, para serem glorificados pelos homens. Em verdade vos digo que já receberam o seu galardão. Mas, quando tu deres esmola, não saiba a

tua mão esquerda o que faz a tua direita; para que a tua esmola seja dada em secreto; e teu Pai, que vê em secreto, ele mesmo te recompensará publicamente."

Mateus 6:2-4

"E, se o irmão ou a irmã estiverem nus, e tiverem falta de mantimento quotidiano, e algum de vós lhes disser: Ide em paz, aquentai-vos, e fartai-vos; e não lhes derdes as coisas necessárias para o corpo, que proveito virá daí? Assim também a fé, se não tiver as obras, é morta em si mesma."

Tiago 2:15-17

De nada vale a beleza e a inspiração no discurso de um benfeitor se ele lança palavras ao vento. Não agrada a Deus aquele que levanta suas penas feito um pavão para demonstrar empatia com o próximo, mas aquele que, em seu silêncio, transforma a vida de seus irmãos com as próprias mãos.

"A alma generosa prosperará e aquele que atende também será atendido."

Provérbios 11:25

"Sei que a bondade e a fidelidade me acompanharão todos os dias da minha vida, e voltarei à casa do Senhor enquanto eu viver."

Salmos 23:6

"Coroas o ano com a tua bondade, e por onde passas emana fartura; fartura vertem as pastagens do deserto, e as colinas se vestem de alegria."

Salmos 65:11-12

Quando deixamos o egoísmo de lado e aprendemos a nos preocupar com o bem-estar de nossos irmãos, mudamos a realidade à nossa volta, melhorando por meio da generosidade e do afeto a convivência em conjunto e dignificando os valores transmitidos por nosso amado Pai.

"Oprimir o pobre é ultrajar o seu Criador, mas tratar com bondade o necessitado é honrar a Deus."

Provérbios 14:31

"Ensina-me a fazer a tua vontade, pois tu és o meu Deus; que o teu bondoso Espírito me conduza por terreno plano."

Salmos 143:10

"Ora, aquele que dá a semente ao que semeia, também vos dê pão para comer, e multiplique a vossa sementeira, e aumente os frutos da vossa justiça; para que em tudo enriqueçais para toda a beneficência, a qual faz que por nós se deem graças a Deus."

2 Coríntios 9:10-11

Se temos a possibilidade de ajudar o próximo por inteiro, jamais o façamos pela metade. Quanto mais trazemos os necessitados para uma vida de fartura, mais apaziguamos as desigualdades do mundo e agradamos ao Nosso Senhor.

"Dá vigor ao cansado e multiplica as forças ao que não tem nenhum vigor."

Isaías 40:29

"Não se deixem vencer pelo mal, mas vençam o mal com o bem."

Romanos 12:21

Se você xingar ou se vingar de alguém que te fez mal, descerá ao nível de seu agressor e magoará o Senhor. Lembre-se dos valores que te fazem cristão e retribua a maldade com amor para provar que em você se reflete o coração paciente e piedoso do Pai.

Gratidão

"Entrai pelas portas dele com gratidão, e em seus átrios com louvor; louvai-o, e bendizei o seu nome."

Salmos 100:4

Temos para com Deus a eterna dívida da salvação por Jesus Cristo, cujo ato inigualável de amor em seu sacrifício enche o nosso coração de gratidão. Que nunca nos falte humildade para reconhecer que não existe vida e redenção senão no Pai, que em sua misericórdia abarca toda a humanidade.

"Mas eu te oferecerei sacrifício com a voz do agradecimento; o que votei pagarei. Do Senhor vem a salvação."

Jonas 2:9

"Porque tudo isto é por amor de vós, para que a graça, multiplicada por meio de muitos, faça abundar a ação de graças para glória de Deus."

2 Coríntios 4:15

"Sempre devemos, irmãos, dar graças a Deus por vós, como é justo, porque a vossa fé cresce muitíssimo e o amor de cada um de vós aumenta de uns para com os outros."

2 Tessalonicenses 1:3

Dê graças a todo ato de fé e amor que presenciar, ainda que não seja você a pessoa agraciada. Ora, o que beneficia os irmãos à sua volta também é bom para ti, e o Senhor sempre se alegra com a gratidão sincera de seus filhos.

"Assim nós, teu povo e ovelhas de teu pasto, te louvaremos eternamente; de geração em geração cantaremos os teus louvores."

Salmos 79:13

"Tornaste o meu pranto em folguedo; desataste o meu pano de saco, e me cingiste de alegria, para que a minha glória a ti cante louvores, e não se cale. Senhor, meu Deus, eu te louvarei para sempre."

Salmos 30:11-12

"E a paz de Deus, para a qual também fostes chamados em um corpo, domine em vossos corações; e sede agradecidos."

Colossenses 3:15

"Nem torpezas, nem parvoíces, nem chocarrices, que não convêm; mas antes, ações de graças."

Efésios 5:4

Agradecer é um ato belo e profundo de reconhecimento, sobretudo quando direcionado ao misericordioso Pai, que está sempre conosco para nos fortalecer e guiar. É nossa forma de demonstrar o infinito amor por Sua Palavra, e jamais deve se corromper pela leviandade de nossos dias, pois o respeito a Deus é também o alicerce da devoção.

"Porque toda a criatura de Deus é boa, e não há nada que rejeitar, sendo recebido com ações de graças. Porque pela palavra de Deus e pela oração é santificada."

1 Timóteo 4:4-5

"Um certo credor tinha dois devedores: um devia-lhe quinhentos dinheiros, e outro cinquenta. E, não tendo eles com que pagar, perdoou-lhes a ambos. Dize, pois, qual deles o amará mais? E Simão, respondendo, disse: Tenho para mim que é aquele a quem mais perdoou. E ele lhe disse: Julgaste bem."

Lucas 7:41-43

O devedor da maior soma foi o maior beneficiado do ato de bondade de seu credor. Ora, quanto maior a nossa dívida, maior é o ato de perdão, e mais gratos devemos nos sentir pela grandiosidade da atitude. Assim também ocorre com o Pai; se Ele perdoa um grande erro nosso, mais agradecidos devemos nos provar de sua infinita e admirável misericórdia.

"Regozijai-vos sempre. Orai sem cessar. Em tudo dai graças, porque esta é a vontade de Deus em Cristo Jesus para convosco."

1 Tessalonicenses 5:16-18

"Bom é louvar ao Senhor, e cantar louvores ao teu nome, ó Altíssimo; para de manhã anunciar a tua benignidade, e todas as noites a tua fidelidade."

Salmos 92:1-2

"E graças a Deus, que sempre nos faz triunfar em Cristo, e por meio de nós manifesta em todo o lugar a fragrância do seu conhecimento."

2 Coríntios 2:14

Que Deus sempre expresse por meio de nós sua sabedoria, bondade e compaixão para que vivamos como bons cristãos, e que jamais deixemos de agradecê-Lo, ao deitar e despertar, pela dádiva da salvação e da vida eterna.

"Bendize, ó minha alma, ao Senhor, e tudo o que há em mim bendiga o seu santo nome. Bendize, ó minha alma, ao Senhor, e não te esqueças de nenhum de seus benefícios."

Salmos 103:1-2

"E aconteceu que, indo ele a Jerusalém, passou pelo meio de Samaria c da Galileia; e, entrando numa certa aldeia, saíram-lhe ao encontro dez homens leprosos, os quais pararam de longe; e levantaram a voz, dizendo: Jesus, Mestre, tem misericórdia de nós. E ele,

vendo-os, disse-lhes: Ide, e mostrai-vos aos sacerdotes. E aconteceu que, indo eles, ficaram limpos. E um deles, vendo que estava são, voltou glorificando a Deus em alta voz; e caiu aos seus pés, com o rosto em terra, dando-lhe graças; e este era samaritano. E, respondendo Jesus, disse: Não foram dez os limpos? E onde estão os nove? Não houve quem voltasse para dar glória a Deus senão este estrangeiro? E disse-lhe: Levanta-te, e vai; a tua fé te salvou."

Lucas 17:11-19

Ingratos são aqueles que, tendo recebido a graça de Deus, viram-lhe as costas e vivem suas vidas como se nada tivesse acontecido. Eis que a graça de Deus é um presente inestimável que jamais se pode ignorar, e somente aquele que reconhece e se mostra grato pelos milagres do Criador é seu verdadeiro devoto, merecedor de todo amor e misericórdia do Pai.

"Dou graças a Deus, a quem desde os meus antepassados sirvo com uma consciência pura, de que sem cessar faço memória de ti nas minhas orações noite e dia."

2 Timóteo 1:3

"Quando, pois, tiveres comido, e fores farto, louvarás ao Senhor teu Deus pela boa terra que te deu."

Deuteronômio 8:10

"Exaltar-te-ei, ó Senhor, porque tu me exaltaste; e não fizeste com que meus inimigos se alegrassem sobre mim. Senhor meu Deus,

clamei a ti, e tu me saraste. Senhor, fizeste subir a minha alma da sepultura; conservaste-me a vida para que não descesse ao abismo."

Salmos 30:1-3

A gratidão ao Senhor jamais deve conhecer limites; em Seu amor eterno e incondicional, Deus agracia com bênçãos e fartura os filhos que Nele vivem e que carregam consigo, aonde quer que vão, a Sua Palavra de paz.

"O Senhor vive! Bendita seja a minha Rocha! Exaltado seja Deus, a Rocha que me salva!"

2 Samuel 22:47

"Deem graças ao Senhor, clamem pelo seu nome, divulguem entre as nações o que ele tem feito. Cantem para ele, louvem-no; contem todos os seus atos maravilhosos.

Gloriem-se no seu santo nome; alegrem-se os corações dos que buscam o Senhor. Olhem para o Senhor e para a sua força; busquem sempre a sua face."

1 Crônicas 16:8-11

Como os filhos orgulhosos que somos, devemos agradecer ao Senhor não só no silêncio de nossas preces, mas também em voz alta, para que o mundo se inspire em nossa devoção e se revigore ao ouvir sobre as bênçãos infinitas do Pai.

"Portanto, assim como vocês receberam a Cristo Jesus, o Senhor, continuem a viver nele, enraizados e edificados nele, firmados na fé, como foram ensinados, transbordando de gratidão."

Colossenses 2:6-7

"Sei o que é passar necessidade e sei o que é ter fartura. Aprendi o segredo de viver contente em toda e qualquer situação, seja bem alimentado, seja com fome, tendo muito, ou passando necessidade. Tudo posso naquele que me fortalece."

Filipenses 4:12-13

Não importa se estamos no topo ou no fundo do poço; nosso Deus de amor e misericórdia nos acolherá incondicionalmente e dará vigor para que, onde quer que estejamos, possamos viver plenamente, encontrando a felicidade na certeza de seu zelo.

Humildade

"Ele te declarou, ó homem, o que é bom; e que é o que o Senhor pede de ti, senão que pratiques a justiça, e ames a benignidade, e andes humildemente com o teu Deus?"

Miquéias 6:8

A vida pode ter seus obstáculos, mas o caminho delineado pela Palavra de Deus é leve e descomplicado, pois nos basta seguir os valores cristãos, sobretudo o amor ao próximo, para agradar ao seu coração e Nele viver.

"E disse-lhes: Qualquer que receber este menino em meu nome, recebe-me a mim; e qualquer que me receber a mim, recebe o que me enviou; porque aquele que entre vós todos for o menor, esse mesmo será grande."

Lucas 9:48

"E se o meu povo, que se chama pelo meu nome, se humilhar, e orar, e buscar a minha face e se converter dos seus maus caminhos, então eu ouvirei dos céus, e perdoarei os seus pecados, e sararei a sua terra."

2 Crônicas 7:14

Não há filho que Deus não acuda com os braços abertos, não importa seus pecados. Mas o pecador há de ser sincero no arrependimento e na súplica, pois o Pai reconhece a falsidade no ajoelhar dos filhos soberbos que nada aprenderam sobre a humildade cristã.

"A soberba do homem o abaterá, mas a honra sustentará o humilde de espírito."

Provérbios 29:23

"E ele, assentando-se, chamou os doze, e disse-lhes: Se alguém quiser ser o primeiro, será o derradeiro de todos e o servo de todos."

Marcos 9:35

"Bom e reto é o Senhor; por isso ensinará o caminho aos pecadores. Guiará os mansos em justiça e aos mansos ensinará o seu caminho."

Salmos 25:8-9

Fazer o que é justo pode nos forçar a abrir mão de muitas coisas e nos levar a um caminho solitário, mas se sua intenção for sincera e firmada na Palavra, o Pai misericordioso jamais o deixará desamparado, e na companhia Dele você terá seu conforto e redenção.

"Em vindo a soberba, virá também a afronta; mas com os humildes está a sabedoria."

Provérbios 11:2

"E Deus escolheu as coisas vis deste mundo, e as desprezíveis, e as que não são, para aniquilar as que são; para que nenhuma carne se glorie perante ele."

1 Coríntios 1:28-29

"Porque pela graça que me é dada, digo a cada um dentre vós que não pense de si mesmo além do que convém; antes, pense com moderação, conforme a medida da fé que Deus repartiu a cada um."

Romanos 12:3

Aquele que sucumbe à vaidade desrespeita ao Senhor, porque, quando cria grandes ideias de si próprio, se esquece de sua pequenez diante do Todo-Poderoso. Que possamos sempre cultivar a nossa humildade, reconhecendo somente no Pai a verdadeira magnificência.

"Porquanto qualquer que a si mesmo se exaltar será humilhado, e aquele que a si mesmo se humilhar será exaltado."

Lucas 14:11

"Melhor é ser humilde de espírito com os mansos, do que repartir o despojo com os soberbos."

Provérbios 16:19

"Semelhantemente vós jovens, sede sujeitos aos anciãos; e sede todos sujeitos uns aos outros, e revesti-vos de humildade, porque Deus resiste aos soberbos, mas dá graça aos humildes."

1 Pedro 5:5

Que sejamos sujeitos uns aos outros não para nos submetermos à sua vontade, mas para mostrar que, como cristãos, devemos sempre evitar o conflito e a atitude soberba no trato do próximo para que Deus reconheça nosso empenho de humildade.

"De sorte que haja em vós o mesmo sentimento que houve também em Cristo Jesus, que, sendo em forma de Deus, não teve por usurpação ser igual a Deus, mas esvaziou-se a si mesmo, tomando a forma de servo, fazendo-se semelhante aos homens; e, achado na forma de homem, humilhou-se a si mesmo, sendo obediente até à morte, e morte de cruz."

Filipenses 2:5-8

"Embora esteja nas alturas, o Senhor olha para os humildes, e de longe reconhece os arrogantes."

Salmos 138:6

Quanto mais humildemente reconhecemos o quanto somos pequenos diante de Deus e seu Poder, melhor apreciamos Seu amor e Sua misericórdia. Porém, aquele que se considera superior é incapaz de conceber as graças do Todo-Poderoso, e sua vaidade pode conduzi-lo à ruína.

Justiça

"Os olhos do Senhor estão sobre os justos, e os seus ouvidos atentos ao seu clamor."

Salmos 34:15

Aquele que preza pela justiça jamais pode se sentir abandonado, porque Deus conhece profundamente sua intenção e age por meio de ti para que sirva de inspiração aos que vivem à sua volta.

"Àquele que não conheceu pecado, o fez pecado por nós; para que nele fôssemos feitos justiça de Deus."

2 Coríntios 5:21

"Filhinhos, ninguém vos engane. Quem pratica justiça é justo, assim como ele é justo. Quem comete o pecado é do diabo; porque o diabo peca desde o princípio. Para isto o Filho de Deus se manifestou: para desfazer as obras do diabo. Qualquer que é nascido de Deus não comete pecado; porque a sua semente permanece nele; e não pode pecar, porque é nascido de Deus. Nisto são manifestos os filhos de Deus, e os filhos do diabo. Qualquer que não pratica a justiça, e não ama a seu irmão, não é de Deus."

1 João 3:7-10

"Confessai as vossas culpas uns aos outros, e orai uns pelos outros, para que sareis. A oração feita por um justo pode muito em seus efeitos."

Tiago 5:16

Se a justiça, e não a soberba, rege suas atitudes, o poder de sua oração muda a realidade à sua volta, porque Deus age pelo justo para pacificar o mundo.

"Mas também, se padecerdes por amor da justiça, sois bem-aventurados. E não temais com medo deles, nem vos turbeis."

1 Pedro 3:14

"Mas, buscai primeiro o reino de Deus, e a sua justiça, e todas estas coisas vos serão acrescentadas."

Mateus 6:33

"Ora, o fruto da justiça semeia-se na paz, para os que exercitam a paz."

Tiago 3:18

A justiça somente age plenamente quando reina a paz, e é nosso dever como filhos de Deus garantir que ambas existam em harmonia para que vivamos com efeito os ensinamentos de nosso Pai, que sempre nos auxilia em nossas intenções sinceras.

"Fazer justiça e juízo é mais aceitável ao Senhor do que sacrifício."

Provérbios 21:3

"Lança o teu cuidado sobre o Senhor, e ele te susterá; não permitirá jamais que o justo seja abalado."

Salmos 55:22

"O ímpio faz obra falsa, mas para o que semeia justiça haverá galardão fiel."

Provérbios 11:18

Permaneça fiel à sua fé e à justiça, porque ainda que se encontre em situação difícil, Deus está por seus filhos devotos, e não permitirá que a maldade atravesse seu caminho abençoado.

"O que segue a justiça e a beneficência achará a vida, a justiça e a honra."

Provérbios 21:21

"Toda a Escritura é divinamente inspirada, e proveitosa para ensinar, para redarguir, para corrigir, para instruir em justiça."

2 Timóteo 3:16

Seja na sua casa, no seu trabalho ou em sua comunidade, mostre que a Palavra de Deus guia cada uma de suas ações no sentido de torná-lo bom e justo, de forma que os demais se inspirem em seu exemplo e também agradem ao Pai.

"Se sabeis que ele é justo, sabeis que todo aquele que pratica a justiça é nascido dele."

1 João 2:29

"E, abrindo Pedro a boca, disse: Reconheço por verdade que Deus não faz acepção de pessoas; mas que lhe é agradável aquele que, em qualquer nação, o teme e faz o que é justo."

Atos 10:34-35

"Mas a vereda dos justos é como a luz da aurora, que vai brilhando mais e mais até ser dia perfeito."

Provérbios 4:18

O justo enfrenta caminhos difíceis e tortuosos com fé implacável, pois sua confiança no misericordioso Criador lhe dá a segurança de que seus esforços não são em vão e que o Sol brilhará para os filhos fiéis de Deus.

"E o efeito da justiça será paz, e a operação da justiça, repouso e segurança para sempre."

Isaías 32:17

"Combati o bom combate, acabei a carreira, guardei a fé. Desde agora, a coroa da justiça me está guardada, a qual o Senhor, justo juiz, me dará naquele dia; e não somente a mim, mas também a todos os que amarem a sua vinda."

2 Timóteo 4:7-8

"Abre a tua boca; julga retamente; e faze justiça aos pobres e aos necessitados."

Provérbios 31:9

De nada adianta dedicar-se à leitura da Bíblia, levando uma suposta vida correta, e negar justiça aos irmãos que precisam da sua ajuda. Não é no fingimento de cristandade que você cumpre os ensinamentos do Senhor, mas sendo efetivamente justo e bom ao próximo.

"Corra, porém, o juízo como as águas, e a justiça como o ribeiro impetuoso."

Amós 5:24

"Porque Deus não é injusto para se esquecer da vossa obra, e do trabalho do amor que para com o seu nome mostrastes, enquanto servistes aos santos; e ainda servis."

Hebreus 6:10

"Vale mais o pouco que tem o justo, do que as riquezas de muitos ímpios. Pois os braços dos ímpios se quebrarão, mas o Senhor sustém os justos."

Salmos 37:16-17

Jamais sinta vergonha dos seus poucos bens, mas sim da sua pouca justiça para com o próximo. O pobre devoto sempre será acudido por seu Pai, enquanto o injusto só encontrará perdição.

"Logo, assim como por meio da desobediência de um só homem muitos foram feitos pecadores, assim também, por meio da obediência de um único homem muitos serão feitos justos."

Romanos 5:19

"Porque no evangelho é revelada a justiça de Deus, uma justiça que do princípio ao fim é pela fé, como está escrito: 'O justo viverá pela fé'."

Romanos 1:17

"Aparta-te do mal e faze o bem; e terás morada para sempre. Porque o Senhor ama o juízo e não desampara os seus santos; eles são preservados para sempre; mas a semente dos ímpios será desarraigada. Os justos herdarão a terra e habitarão nela para sempre."

Salmos 37:27-29

O mundo está repleto de gente injusta, cujo legado não sobreviverá. A única coisa eterna na Terra é a Palavra de Deus, cujo cumprimento por meio da bondade e da justiça assegura a vida eterna ao lado do Pai.

Mentira

"O que usa de engano não ficará dentro da minha casa; o que fala mentiras não estará firme perante os meus olhos."

Salmos 101:7

"Ó Deus do meu louvor, não te cales, pois a boca do ímpio e a boca do enganador estão abertas contra mim. Têm falado contra mim com uma língua mentirosa."

Salmos 109:1-2

Não podemos impedir que as pessoas levantem falsos testemunhos contra nós por intenções nefastas, mas podemos impedir que o mal nos atinja rogando pelo Pai, que está sempre a postos para socorrer seus filhos da injustiça.

"Deus não é homem, para que minta; nem filho do homem, para que se arrependa; porventura diria ele, e não o faria? Ou falaria, e não o confirmaria?"

Números 23:19

"Vós tendes por pai ao diabo, e quereis satisfazer os desejos de vosso pai. Ele foi homicida desde o princípio, e não se firmou na

verdade, porque não há verdade nele. Quando ele profere mentira, fala do que lhe é próprio, porque é mentiroso, e pai da mentira."

João 8:44

O diabo está sempre à espreita, à espera de sua fraqueza. Ele se utiliza de palavras doces para te atrair, mas todo filho de Deus sabe que por trás de sua sedução está a teia que nos prende à perdição. Afasta as mentiras do diabo de seu caminho e permaneça na busca da justiça e da paz do Senhor.

"Por isso deixai a mentira, e falai a verdade cada um com o seu próximo; porque somos membros uns dos outros."

Efésios 4:25

"Os lábios mentirosos são abomináveis ao Senhor, mas os que agem fielmente são o seu deleite."

Provérbios 12:22

"O remanescente de Israel não cometerá iniquidade, nem proferirá mentira, e na sua boca não se achará língua enganosa; mas serão apascentados, e deitar-se-ão, e não haverá quem os espante."

Sofonias 3:13

Aqueles que conhecem e honram sua ascendência jamais se deixam levar pela mentira, que só traz intrigas e desgraças aos irmãos. Eles sabem que a verdade é o único caminho para a comunhão com Deus, que abençoa a intenção honesta e pura no coração de seu filho.

"Os lábios arrogantes não ficam bem ao insensato; muito menos os lábios mentirosos ao governante!"

Provérbios 17:7

"Bem-aventurados sois vós, quando vos injuriarem e perseguirem e, mentindo, disserem todo o mal contra vós por minha causa."

Mateus 5:11

Se você é repudiado por sua fé em Deus e mantém-se firme em sua verdade, saiba que seu amor incondicional será recompensado pelo Senhor, que muito se alegra com os filhos que mantêm sua paciência e devoção inabaláveis.

"Então perguntou Pedro: 'Ananias, como você permitiu que Satanás enchesse o seu coração, a ponto de você mentir ao Espírito Santo e guardar para si uma parte do dinheiro que recebeu pela propriedade? Ela não lhe pertencia? E, depois de vendida, o dinheiro não estava em seu poder? O que o levou a pensar em fazer tal coisa? Você não mentiu aos homens, mas sim a Deus'."

Atos 5:3-4

"Afasta de mim a vaidade e a palavra mentirosa; não me dês nem a pobreza nem a riqueza; mantém-me do pão da minha porção de costume."

Provérbios 30:8

"Nem jurareis falso pelo meu nome, pois profanarás o nome do teu Deus. Eu sou o Senhor."

Levítico 19:12

Quantas vezes dizemos, por leviandade, "juro por Deus"? As palavras escapam de nossa boca antes que pensemos no seu significado, e acabamos por dizer até mesmo inverdades em nome de Deus. Lembre-se, portanto, que o nome Dele é sagrado, e só deve ser invocado quando sua intenção é justa e verdadeira.

"A testemunha falsa não ficará sem castigo, e aquele que despeja mentiras não sairá livre."

Provérbios 19:5

"Não darás falso testemunho contra o teu próximo."

Êxodo 20:16

Misericórdia

"A tua misericórdia, Senhor, está nos céus, e a tua fidelidade chega até às mais excelsas nuvens."

Salmos 36:5

"Lembra-te, Senhor, das tuas misericórdias e das tuas benignidades, porque são desde a eternidade. Não te lembres dos pecados da minha mocidade, nem das minhas transgressões; mas segundo a tua misericórdia, lembra-te de mim, por tua bondade, Senhor."

Salmos 25:6-7

Deus se entristece pelos pecados, mas se entristece ainda mais quando o pecador não os reconhece. O caminho para a salvação no Senhor começa com o reconhecimento do mal; e se seu arrependimento é verdadeiro, Deus o acolhe plenamente em sua misericórdia.

"Ide, porém, e aprendei o que significa: Misericórdia quero, e não sacrifício. Porque eu não vim a chamar os justos, mas os pecadores, ao arrependimento."

Mateus 9:13

"O que encobre as suas transgressões nunca prosperará, mas o que as confessa e deixa, alcançará misericórdia."

Provérbios 28:13

"[...] Aproximemo-nos do trono da graça com toda a confiança, a fim de recebermos misericórdia e encontrarmos graça que nos ajude no momento da necessidade."

Hebreus 4:16

A vida pode se tornar um mar de incertezas, mas podemos nos sentir eternamente certos das graças do Pai, que sabe daquilo que seus filhos precisam e, por sua infinita piedade, jamais os abandona à mercê da sorte.

"As misericórdias do Senhor são a causa de não sermos consumidos, porque as suas misericórdias não têm fim; novas são cada manhã; grande é a tua fidelidade."

Lamentações 3:22-23

"Piedoso e benigno é o Senhor, sofredor e de grande misericórdia. O Senhor é bom para todos, e as suas misericórdias são sobre todas as suas obras."

Salmos 145:8-9

"Sede, pois, misericordiosos, como também vosso Pai é misericordioso."

Lucas 6:36

Se não nos espelhamos no exemplo do Pai, cuja misericórdia é incondicional, como podemos nos dizer cristãos? É no cumprimento da Palavra que nos fazemos legítimos seguidores de Cristo, e se a piedade lhe parece impraticável, é preciso repensar sua própria fé.

"Porque será exercido juízo sem misericórdia sobre quem não foi misericordioso. A misericórdia triunfa sobre o juízo!"

Tiago 2:13

"O misericordioso faz o bem para a sua própria alma, mas o que é cruel, aflige a própria carne."

Provérbios 11:17

Aquele que tem a capacidade de perdoar irrestritamente se enche de graça, pois o Senhor abençoa o filho que Nele se espelha, enquanto o filho menos virtuoso que se nega à misericórdia colhe apenas os frutos amargos de sua indiferença, e sofre porque carece de graça.

"Tem misericórdia de mim, ó Deus, por teu amor; por tua grande compaixão apaga as minhas transgressões. Lava-me de toda a minha culpa e purifica-me do meu pecado."

Salmos 51:1-2

"De novo terás compaixão de nós; pisarás as nossas maldades e atirarás todos os nossos pecados nas profundezas do mar."

Miquéias 7:19

Nosso Deus, Todo-Poderoso, é maior que todas as injúrias e pecados que nos afligem, e em sua infinita piedade, nos socorre quantas vezes são precisas para que jamais deixemos de buscar a salvação e a vida eterna.

Oração

"Não estejais inquietos por coisa alguma; antes as vossas petições sejam em tudo conhecidas diante de Deus pela oração e súplica, com ação de graças. E a paz de Deus, que excede todo o entendimento, guardará os vossos corações e os vossos pensamentos em Cristo Jesus."

Filipenses 4:6-7

"Peçam, e lhes será dado; busquem, e encontrarão; batam, e a porta lhes será aberta. Pois todo o que pede, recebe; o que busca, encontra; e àquele que bate, a porta será aberta."

Mateus 7:7-8

Deus não impõe limites àqueles que O buscam para aliviar suas dores e clamar por misericórdia. Busque o Senhor toda vez que seu coração assim desejar, e o receba em sua alma para alcançar a plenitude.

"Eu desci até aos fundamentos dos montes; a terra me encerrou para sempre com os seus ferrolhos; mas tu fizeste subir a minha vida da perdição, ó Senhor meu Deus. Quando desfalecia em mim a minha alma, lembrei-me do Senhor; e entrou a ti a minha oração, no teu santo templo."

Jonas 2:6-7

"E, tudo o que pedirdes em oração, crendo, o recebereis."

Mateus 21:22

Não use de palavras lisonjeiras ao Senhor se sua intenção é vã e a fé, superficial; em conversa com Deus, seja honesto na sua súplica e fervoroso em sua fé, e Deus reconhecerá a verdade em seu coração e o agraciará.

"Mas tu, quando orares, entra no teu aposento e, fechando a tua porta, ora a teu Pai que está em secreto; e teu Pai, que vê em secreto, te recompensará publicamente."

Mateus 6:6

"[...] Havia numa cidade um certo juiz, que nem a Deus temia, nem respeitava o homem. Havia também, naquela mesma cidade, uma certa viúva, que ia ter com ele, dizendo: Faze-me justiça contra o meu adversário. E por algum tempo não quis atendê-la; mas depois disse consigo: Ainda que não temo a Deus, nem respeito os homens, todavia, como esta viúva me molesta, hei de fazer-lhe justiça, para que enfim não volte, e me importune muito. E disse o Senhor: Ouvi o que diz o injusto juiz. E Deus não fará justiça aos seus escolhidos, que clamam a ele de dia e de noite, ainda que tardio para com eles? Digo-vos que depressa lhes fará justiça. Quando, porém, vier o Filho do homem, porventura achará fé na terra?"

Lucas 18:2-8

"Vigiem e orem para que não caiam em tentação. O espírito está pronto, mas a carne é fraca."

Mateus 26:41

Ainda que trilhemos com boa vontade o caminho da bondade e da justiça, as tentações podem desvirtuar nossas intenções. Fique atento às palavras doces e recompensas fáceis, pois a graça de Deus só é conquistada com o suor de nossas ações e o fervor de nossas orações.

"Perto está o Senhor de todos os que o invocam, de todos os que o invocam em verdade."

Salmos 145:18

"E invoca-me no dia da angústia; eu te livrarei, e tu me glorificarás."

Salmos 50:15

"O que desvia os seus ouvidos de ouvir a lei, até a sua oração será abominável."

Provérbios 28:9

Quão repugnante é a pessoa que ignora a Palavra de Deus e mascara sua insolência com as belas palavras de uma oração. Que Deus possa testemunhar seu sincero arrependimento, pois lhe traz ojeriza a falsidade em seu Santo Nome.

"Não me escolhestes vós a mim, mas eu vos escolhi a vós, e vos nomeei, para que vades e deis fruto, e o vosso fruto permaneça; a fim de que tudo quanto em meu nome pedirdes ao Pai ele vo-lo conceda."

João 15:16

"Se vós, pois, sendo maus, sabeis dar boas coisas aos vossos filhos, quanto mais vosso Pai, que está nos céus, dará bens aos que lhe pedirem?"

Mateus 7:11

"Quero, pois, que os homens orem em todo o lugar, levantando mãos santas, sem ira nem contenda."

1 Timóteo 2:8

Não existe "lugar certo" para a conversa com Deus. Ele está conosco aonde quer que vamos, e todo lugar se torna sacro quando seu Nome é invocado com amor e fervor verdadeiros.

"Entre vocês há alguém que está doente? Que ele mande chamar os presbíteros da igreja, para que estes orem sobre ele e o unjam com óleo, em nome do Senhor. E a oração feita com fé curará o doente; o Senhor o levantará. E se houver cometido pecados, ele será perdoado."

Tiago 5:14-15

"Depois de orarem, tremeu o lugar em que estavam reunidos; todos ficaram cheios do Espírito Santo e anunciavam corajosamente a palavra de Deus."

Atos 4:31

"E quando estiverem orando, se tiverem alguma coisa contra alguém, perdoem-no, para que também o Pai celestial lhes perdoe os seus pecados."

Marcos 11:25

Para viver em paz com si próprio, é preciso aprender a importância de perdoar quando em contato com Deus para que o Pai, vendo refletida Sua misericórdia no filho, o abençoe.

"Sejam agradáveis as palavras da minha boca e a meditação do meu coração perante a tua face, Senhor, Rocha minha e Redentor meu!"

Salmos 19:14

Paz

"Quanto ao mais, irmãos, regozijai-vos, sede perfeitos, sede consolados, sede de um mesmo parecer, vivei em paz; e o Deus de amor e de paz será convosco."

2 Coríntios 13:11

Quando seguimos os ensinamentos de Cristo e prezamos pela paz onde quer que estejamos, nossa atitude se converte em graça pelas Mãos do Pai, que se alegra nos filhos devotos que vivem a sua Palavra.

"Tenho-vos dito isto, para que em mim tenhais paz; no mundo tereis aflições, mas tende bom ânimo, eu venci o mundo."

João 16:33

"Mas os mansos herdarão a terra, e se deleitarão na abundância de paz."

Salmos 37:11

A Terra não pertence aos que semeiam o ódio, mas aos que plantam o amor, a generosidade e a paz, fazendo multiplicar os frutos dos ensinamentos de nosso amado Pai.

"Bem-aventurados os pacificadores, porque eles serão chamados filhos de Deus."

Mateus 5:9

"E como pregarão, se não forem enviados? Como está escrito: Quão formosos os pés dos que anunciam o evangelho de paz; dos que trazem alegres novas de boas coisas."

Romanos 10:15

Que sejam bem-vindos em todos os cantos aqueles que trazem a Palavra de Deus, porque sua intenção é de trazer o próximo consigo para o caminho da redenção e da vida eterna.

"Sigamos, pois, as coisas que servem para a paz e para a edificação de uns para com os outros."

Romanos 14:19

"O que também aprendestes, e recebestes, e ouvistes, e vistes em mim, isso fazei; e o Deus de paz será convosco."

Filipenses 4:9

"Em paz também me deitarei e dormirei, porque só tu, Senhor, me fazes habitar em segurança."

Salmos 4:8

Bom é o sono daqueles que confiam sua paz ao Senhor, pois não são atormentados por pesadelos de insegurança e perdição e acordam para dias plenos de fé na presença salvadora do Pai.

"Nota o homem sincero, e considera o reto, porque o fim desse homem é a paz."

Salmos 37:37

"Segui a paz com todos, e a santificação, sem a qual ninguém verá o Senhor."

Hebreus 12:14

"Deixo-lhes a paz; a minha paz lhes dou. Não a dou como o mundo a dá. Não se perturbem os seus corações, nem tenham medo."

João 14:27

Que a paz gloriosa de Jesus Cristo esteja conosco todos os dias de nossas vidas, para que Nele possamos viver e alimentar a esperança de desfrutar a eternidade ao lado do Pai.

"Quando entrarem numa casa, digam primeiro: 'Paz a esta casa'. Se houver ali um homem de paz, a paz de vocês repousará sobre ele; se não, ela voltará para vocês."

Lucas 10:5-6

"Muita paz têm os que amam a tua lei, e para eles não há tropeço."

Salmos 119:165

"Tu conservarás em paz aquele cuja mente está firme em ti; porque ele confia em ti."

Isaías 26:3

"Sendo os caminhos do homem agradáveis ao Senhor, até a seus inimigos faz que tenham paz com ele."

Provérbios 16:7

"E todos os teus filhos serão ensinados do Senhor; e a paz de teus filhos será abundante."

Isaías 54:13

É preciso não só viver a Palavra de Deus, mas também transmiti-la à nossa descendência em toda sua sabedoria para que Seus ensinamentos se engrandeçam na juventude e jamais esmoreçam.

"Porque ele é a nossa paz, o qual de ambos os povos fez um; e, derrubando a parede de separação que estava no meio, na sua carne desfez a inimizade, isto é, a lei dos mandamentos, que consistia em ordenanças, para criar em si mesmo dos dois um novo homem, fazendo a paz."

Efésios 2:14-15

"E a paz de Deus, para a qual também fostes chamados em um corpo, domine em vossos corações; e sede agradecidos."

Colossenses 3:15

É desejo de Nosso Senhor que vivamos em harmonia com o próximo, portanto nutra a paz em seu coração para que ela reja todos os seus atos e jamais permita que você ceda à ira, que leva à perdição.

"Porque eu bem sei os pensamentos que tenho a vosso respeito, diz o Senhor; pensamentos de paz, e não de mal, para vos dar o fim que esperais."

Jeremias 29:11

"Tendo sido, pois, justificados pela fé, temos paz com Deus, por nosso Senhor Jesus Cristo."

Romanos 5:1

Perdão

"Então Pedro, aproximando-se dele, disse: Senhor, até quantas vezes pecará meu irmão contra mim, e eu lhe perdoarei? Até sete? Jesus lhe disse: Não te digo que até sete; mas, até setenta vezes sete. Por isso o reino dos céus pode comparar-se a um certo rei que quis fazer contas com os seus servos; E, começando a fazer contas, foi-lhe apresentado um que lhe devia dez mil talentos; E, não tendo ele com que pagar, o seu senhor mandou que ele, e sua mulher e seus filhos fossem vendidos, com tudo quanto tinha, para que a dívida se lhe pagasse. Então aquele servo, prostrando-se, o reverenciava, dizendo: Senhor, sê generoso para comigo, e tudo te pagarei. Então o Senhor daquele servo, movido de íntima compaixão, soltou-o e perdoou-lhe a dívida. Saindo, porém, aquele servo, encontrou um dos seus conservos, que lhe devia cem dinheiros, e, lançando mão dele, sufocava-o, dizendo: Paga-me o que me deves. Então o seu companheiro, prostrando-se a seus pés, rogava-lhe, dizendo: Sê generoso para comigo, e tudo te pagarei. Ele, porém, não quis, antes foi encerrá-lo na prisão, até que pagasse a dívida. Vendo, pois, os seus conservos o que acontecia, contristaram-se muito, e foram declarar ao seu senhor tudo o que se passara. Então o seu senhor, chamando-o à sua presença, disse-lhe: Servo malvado, perdoei-te toda aquela dívida, porque me suplicaste. Não devias tu, igual-

mente, ter compaixão do teu companheiro, como eu também tive misericórdia de ti? E, indignado, o seu senhor o entregou aos atormentadores, até que pagasse tudo o que lhe devia. Assim vos fará, também, meu Pai celestial, se do coração não perdoardes, cada um a seu irmão, as suas ofensas."

Mateus 18:21-35

"Confessei-te o meu pecado, e a minha maldade não encobri. Dizia eu: Confessarei ao Senhor as minhas transgressões; e tu perdoaste a maldade do meu pecado. (Selá.)"

Salmos 32:5

Nosso Deus é de perdão. Conhecedor do coração de cada filho, ele sabe as dores que nos afligem e perdoa nossos pecados quando entende que nosso arrependimento vem de nossa alma.

"Eu, eu mesmo, sou o que apago as tuas transgressões por amor de mim, e dos teus pecados não me lembro."

Isaías 43:25

"Arrependam-se, pois, e voltem-se para Deus, para que os seus pecados sejam cancelados, para que venham tempos de descanso da parte do Senhor, e ele mande o Cristo, o qual lhes foi designado, Jesus."

Atos 3:19-20

"E, quando chegaram ao lugar chamado a Caveira, ali o crucificaram, e aos malfeitores, um à direita e outro à esquerda.

E dizia Jesus: Pai, perdoa-lhes, porque não sabem o que fazem [...]"

Lucas 23:33-34

Se Jesus teve misericórdia de nossa perdição em seu momento de maior dor, quem somos nós para não perdoar o próximo? Que a piedade divina nos sirva eternamente de exemplo para a vida em comunhão e para nossa redenção.

"Suportem-se uns aos outros e perdoem as queixas que tiverem uns contra os outros. Perdoem como o Senhor lhes perdoou."

Colossenses 3:13

"Não te vingarás nem guardarás ira contra os filhos do teu povo; mas amarás o teu próximo como a ti mesmo. Eu sou o Senhor."

Levítico 19:18

"Olhai por vós mesmos. E, se teu irmão pecar contra ti, repreende-o e, se ele se arrepender, perdoa-lhe."

Lucas 17:3

Seja paciente e compreensivo como pedem os ensinamentos de Deus, pois perder-se em ressentimentos com o próximo apenas afasta a si e o outro da vida em harmonia, a qual nosso Pai deseja para todos nós.

"E disse-lhes Pedro: Arrependei-vos, e cada um de vós seja batizado em nome de Jesus Cristo, para perdão dos pecados; e recebereis o dom do Espírito Santo."

Atos 2:38

"Se confessarmos os nossos pecados, ele é fiel e justo para nos perdoar os pecados, e nos purificar de toda a injustiça."

1 João 1:9

Tira toda a maldade e a culpa de ti por intermédio de Deus, que intercede pela vida dos filhos cheios de remorso que sinceramente buscam o caminho para uma vida plena no Senhor.

"Pois ele nos resgatou do domínio das trevas e nos transportou para o Reino do seu Filho amado, em quem temos a redenção, a saber, o perdão dos pecados."

Colossenses 1:13-14

"Que o ímpio abandone seu caminho, e o homem mau, os seus pensamentos. Volte-se ele para o Senhor, que terá misericórdia dele; volte-se para o nosso Deus, pois ele perdoará de bom grado."

Isaías 55:7

"Assim como está longe o oriente do ocidente, assim afasta de nós as nossas transgressões."

Salmos 103:12

Deus, em seu poder e misericórdia infinita, nos afasta do pecado quando assim o desejamos, e permite que os arrependidos trilhem o caminho para a vida eterna em Sua Palavra de amor e sabedoria.

Resiliência

"Porque Deus não nos deu o espírito de temor, mas de fortaleza, e de amor, e de moderação."

2 Timóteo 1:7

Há momentos na vida em que o medo toma conta de nossos corações e abala nossos espíritos. É nesta hora de fraqueza que devemos nos lembrar de onde viemos; somos filhos de Deus, e Ele, tendo nos feito à sua imagem e semelhança, nos deu um espírito firme como a rocha, um coração grande como o universo e uma temperança inabalável como o tempo para que nossos medos jamais superem nossa essência divina.

"Estejam alertas e vigiem. O Diabo, o inimigo de vocês, anda ao redor como leão, rugindo e procurando a quem possa devorar. Resistam-lhe, permanecendo firmes na fé, sabendo que os irmãos que vocês têm em todo o mundo estão passando pelos mesmos sofrimentos. O Deus de toda a graça, que os chamou para a sua glória eterna em Cristo Jesus, depois de terem sofrido por pouco tempo, os restaurará, os confirmará, lhes dará forças e os porá sobre firmes alicerces."

1 Pedro 5:8-10

"Confiai no Senhor perpetuamente; porque o Senhor Deus é uma rocha eterna."

Isaías 26:4

"Eu dei a vocês autoridade para pisarem sobre cobras e escorpiões, e sobre todo o poder do inimigo; nada lhes fará dano."

Lucas 10:19

Nossos inimigos podem vir nas mais diversas formas e sob os mais variados disfarces para testar nossa fé. Mas Deus fortalece nossos espíritos com sua Palavra, e por mais ameaçadores que sejam as cobras e os escorpiões em nossos caminhos, Ele nos dá o poder sobre todo e qualquer mal quando a Ele confiamos nossa devoção. Não hesite, portanto, diante da maldade; o Senhor sempre estará para seus filhos leais.

"Conservem-se livres do amor ao dinheiro e contentem-se com o que vocês têm, porque Deus mesmo disse: 'Nunca o deixarei, nunca o abandonarei'."

Hebreus 13:5

Em um mundo cada vez mais obcecado pela conquista de bens materiais, é fácil nos deixar levar pelo pensamento de que não temos o suficiente. Nestes momentos de fragilidade, lembre-se que nossa maior riqueza não se mede em números, mas na confiança incondicional no eterno colo do Pai e no cumprimento de seu maior ensinamento: amar a Deus sobre todas as coisas e ao próximo como a si mesmo.

"O Senhor é a minha luz e a minha salvação; de quem terei temor? O Senhor é o meu forte refúgio; de quem terei medo? Quando homens maus avançarem contra mim para destruir-me, eles, meus inimigos e meus adversários, é que tropeçarão e cairão. Ainda que um exército se acampe contra mim, meu coração não temerá; ainda que se declare guerra contra mim, mesmo assim estarei confiante."

Salmos 27:1-3

"Para impedir que eu me exaltasse por causa da grandeza dessas revelações, foi-me dado um espinho na carne, um mensageiro de Satanás, para me atormentar. Três vezes roguei ao Senhor que o tirasse de mim. Mas ele me disse: 'Minha graça é suficiente para você, pois o meu poder se aperfeiçoa na fraqueza'. Portanto, eu me gloriarei ainda mais alegremente em minhas fraquezas, para que o poder de Cristo repouse em mim. Por isso, por amor de Cristo, regozijo-me nas fraquezas, nos insultos, nas necessidades, nas perseguições, nas angústias. Pois, quando sou fraco é que sou forte."

2 Coríntios 12:7-10

Se fôssemos seres fortes e imunes ao erro, nossa soberba não nos permitiria rogar pelo amor e pela misericórdia do Senhor, e assim nos tornaríamos criaturas vazias, desprezíveis. É na debilidade da condição humana e no reconhecimento do quão somos vulneráveis que se derrama a piedade do Pai, e assim recorremos a Jesus, pois somente Ele é capaz de nos tornar mais fortes em nossos momentos mais difíceis.

"O Senhor é o meu pastor, nada me faltará. Deitar-me faz em verdes pastos, guia-me mansamente a águas tranquilas. Refrigera a minha alma; guia-me pelas veredas da justiça, por amor do seu nome. Ainda que eu andasse pelo vale da sombra da morte, não temeria mal algum, porque tu estás comigo; a tua vara e o teu cajado me consolam. Preparas uma mesa perante mim na presença dos meus inimigos, unges a minha cabeça com óleo, o meu cálice transborda. Certamente que a bondade e a misericórdia me seguirão todos os dias da minha vida; e habitarei na casa do Senhor por longos dias."

Salmos 23

"Não temas, porque eu sou contigo; não te assombres, porque eu sou teu Deus; eu te fortaleço, e te ajudo, e te sustento com a destra da minha justiça."

Isaías 41:10

"Pois os nossos sofrimentos leves e momentâneos estão produzindo para nós uma glória eterna que pesa mais do que todos eles. Assim, fixamos os olhos não naquilo que se vê, mas no que não se vê, pois o que se vê é transitório, mas o que não se vê é eterno."

2 Coríntios 4:17-18

Há um mundo glorioso à espera do bom cristão, maior que seus fardos, sofrimentos e dores. Não podemos vê-lo, tocá-lo ou ouvi-lo mas ele existe para todos os que sabem que a vida não se resume à matéria e suas agruras. É a fé na Palavra que conduz ao Céu, onde os Filhos de Deus desfrutam da vida eterna ao lado do Pai.

"Posso todas as coisas em Cristo que me fortalece."

Filipenses 4:13

"O Senhor é a minha força e o meu escudo; nele confiou o meu coração, e fui socorrido; assim o meu coração salta de prazer, e com o meu canto o louvarei."

Salmos 28:7

"Eu te amarei, ó Senhor, fortaleza minha. O Senhor é o meu rochedo, e o meu lugar forte, e o meu libertador; o meu Deus, a minha fortaleza, em quem confio; o meu escudo, a força da minha salvação, e o meu alto refúgio."

Salmos 18:1-2

"Não sabes, não ouviste que o eterno Deus, o Senhor, o Criador dos fins da terra, nem se cansa nem se fatiga? É inescrutável o seu entendimento. Dá força ao cansado, e multiplica as forças ao que não tem nenhum vigor."

Isaías 40:28-29

Embora feitos à imagem e semelhança de Deus, somos pequenos diante de Sua força eterna e inabalável. Mas essa fragilidade é compensada por nossa fé, pois quando nos mantemos fiéis ao Pai ainda que o peso do mundo já não possa mais ser suportado por nossos ombros, Ele nos socorre e sustenta em sua misericórdia.

"No demais, irmãos meus, fortalecei-vos no Senhor e na força do seu poder."

Efésios 6:10

"[...] Esforça-te, e tem bom ânimo; não temas, nem te espantes; porque o Senhor teu Deus é contigo, por onde quer que andares."

Josué 1:9

Quem pode se dizer sozinho no mundo quando tem em Deus seu Pai e Salvador? Louvemos na Terra e na futura Morada Eterna sua sagrada e misericordiosa presença, do momento de nosso primeiro respiro até o último suspiro, e em todos os momentos de dor e júbilo.

"Bem-aventurado o homem cuja força está em ti, em cujo coração estão os caminhos aplanados. Vão indo de força em força; cada um deles em Sião aparece perante Deus."

Salmos 84:5-7

"Tu, que me tens feito ver muitos males e angústias, me darás ainda a vida, e me tirarás dos abismos da terra. Aumentarás a minha grandeza, e de novo me consolarás."

Salmos 71:20-21

Não há limite para a piedade de Deus, que nos acolhe em seus braços quantas vezes for preciso para acalmar nossos medos e nos reerguer. E, como o Pai amoroso que é, Ele nada espera em troca senão nosso amor, fé e obediência à sua Palavra – pouco diante da graça que é derramada sobre nós.

"Mas a salvação dos justos vem do Senhor; ele é a sua fortaleza no tempo da angústia."

Salmos 37:39

"Andando eu no meio da angústia, tu me reviverás; estenderás a tua mão contra a ira dos meus inimigos, e a tua destra me salvará."

Salmos 138:7

"Mas esforçai-vos, e não desfaleçam as vossas mãos; porque a vossa obra tem uma recompensa."

2 Crônicas 15:7

Quando fazemos algo que é maior que nós, como espalhar a Palavra ou empenhar-se em fazer o bem para as pessoas, sentimos em certos momentos como se nossos propósitos não fizessem sentido. Nesta hora de dúvida, lembre-se que Deus está conosco a todo momento, e garantirá nosso êxito na Terra e júbilo na Morada Eterna se nossa intenção for sincera.

"E Davi muito se angustiou, porque o povo falava de apedrejá-lo, porque a alma de todo o povo estava em amargura, cada um por causa dos seus filhos e das suas filhas; todavia Davi se fortaleceu no Senhor seu Deus."

1 Samuel 30:6

"O Senhor é a minha força e o meu cântico; e se fez a minha salvação."

Salmos 118:14

"E disse Davi a Salomão seu filho: Esforça-te e tem bom ânimo, e faze a obra; não temas, nem te apavores; porque o Senhor Deus, meu Deus, há de ser contigo; não te deixará, nem te desamparará, até que acabes toda a obra do serviço da casa do Senhor."

1 Crônicas 28:20

Que toda a graça de Deus recaia sobre os pais e as mães que guiam os filhos no caminho da bondade, do perdão e da resiliência, pois seu papel os torna representantes do próprio Senhor na Terra.

"Se sofrermos, também com ele reinaremos; se o negarmos, também ele nos negará."

2 Timóteo 2:12

"Porque foste a fortaleza do pobre, e a fortaleza do necessitado, na sua angústia; refúgio contra a tempestade, e sombra contra

o calor; porque o sopro dos opressores é como a tempestade contra o muro."

Isaías 25:4

Por mais ameaçadoras que sejam as adversidades em nossas vidas, podemos confiar cegamente na proteção e no apoio do Pai Misericordioso, que jamais abandona os filhos à própria sorte e acolhe sem julgamento os desesperados, sofridos e castigados que a Ele recorrem.

"Disse-lhes mais: Ide, comei as gorduras, e bebei as doçuras, e enviai porções aos que não têm nada preparado para si; porque este dia é consagrado ao nosso Senhor; portanto não vos entristeçais; porque a alegria do Senhor é a vossa força."

Neemias 8:10

"Porque sete vezes cairá o justo, e se levantará; mas os ímpios tropeçarão no mal."

Provérbios 24:16

Não importa quantas vezes caímos, mas quantas vezes reunimos forças para nos reerguer, porque esse vigor advém do Pai, que reconhece as boas intenções de seus filhos e os nutre de sua própria força para que consigam vencer os obstáculos da vida.

"Portanto, tomai toda a armadura de Deus, para que possais resistir no dia mau e, havendo feito tudo, ficar firmes."

Efésios 6:13

Sabedoria

"Mas a sabedoria que do alto vem é, primeiramente pura, depois pacífica, moderada, tratável, cheia de misericórdia e de bons frutos, sem parcialidade, e sem hipocrisia."

Tiago 3:17

"Da soberba só provém a contenda, mas com os que se aconselham se acha a sabedoria."

Provérbios 13:10

Ignore os que ostentam sabedoria, mas pouco acrescentam à sua vida. Mais sábio é aquele que, na sobriedade de seu entendimento e na humildade em reconhecer Deus como o único ser onisciente, enriquece sua alma e inspira os que estão à sua volta.

"O sábio ouvirá e crescerá em conhecimento, e o entendido adquirirá sábios conselhos."

Provérbios 1:5

"Os homens maus não entendem o juízo, mas os que buscam ao Senhor entendem tudo."

Provérbios 28:5

"Ó Senhor, quão variadas são as tuas obras! Todas as coisas fizeste com sabedoria; cheia está a terra das tuas riquezas."

Salmos 104:24

"Quão melhor é adquirir a sabedoria do que o ouro! E quão mais excelente é adquirir a prudência do que a prata!"

Provérbios 16:16

O ouro e a prata nada acrescentam ao seu espírito e podem ser tirados de tuas mãos. A sabedoria, porém, engrandece sua alma, e jamais pode lhe ser tomada.

"Não presumas do dia de amanhã, porque não sabes o que ele trará."

Provérbios 27:1

"Ouve o conselho, e recebe a correção, para que no fim sejas sábio."

Provérbios 19:20

O sábio não se define só pelos seus acertos, mas, sobretudo, por sua capacidade de aprender a partir dos erros, demonstrando uma humildade que agrada aos olhos do Pai.

"O hipócrita, com a boca, danifica o seu próximo, mas os justos são libertados pelo conhecimento."

Provérbios 11:9

"A sabedoria oferece proteção, como o faz o dinheiro, mas a vantagem do conhecimento é esta: a sabedoria preserva a vida de quem a possui."

Eclesiastes 7:12

"O conselho da sabedoria é: procure obter sabedoria; use tudo o que você possui para adquirir entendimento."

Provérbios 4:7

Nunca nos tornamos sábios por completo, pois o conhecimento supremo pertence apenas a Deus. Em nossa modéstia, nos cabe buscar incessantemente a sabedoria a despeito de nossas limitações, e jamais dar por terminada a nossa admirável jornada.

"A tua palavra é lâmpada que ilumina os meus passos e luz que clareia o meu caminho."

Salmos 119:105

"O temor do Senhor é o princípio do conhecimento; os loucos desprezam a sabedoria e a instrução."

Provérbios 1:7

"Quem é sábio e tem entendimento entre vocês? Que o demonstre por seu bom procedimento, mediante obras praticadas com a humildade que provém da sabedoria."

Tiago 3:13

"Se algum de vocês tem falta de sabedoria, peça-a a Deus, que a todos dá livremente, de boa vontade; e lhe será concedida."

Tiago 1:5

Não peça a Deus coisas materiais e vãs; peça o perdão e a sabedoria, porque com ambos sua alma se torna mais apta a enfrentar os obstáculos da vida e conquistar a abundância.

"O que adquire entendimento ama a sua alma; o que cultiva a inteligência achará o bem."

Provérbios 19:8

Trabalho

"E procureis viver quietos, e tratar dos vossos próprios negócios, e trabalhar com vossas próprias mãos, como já vo-lo temos mandado; para que andeis honestamente para com os que estão de fora, e não necessiteis de coisa alguma."

1 Tessalonicenses 4:11-12

"Vai ter com a formiga, ó preguiçoso; olha para os seus caminhos, e sê sábio. Pois ela, não tendo chefe, nem guarda, nem dominador, prepara no verão o seu pão; na sega ajunta o seu mantimento. Ó preguiçoso, até quando ficarás deitado? Quando te levantarás do teu sono? Um pouco a dormir, um pouco a tosquenejar; um pouco a repousar de braços cruzados; assim sobrevirá a tua pobreza como o meliante, e a tua necessidade como um homem armado."

Provérbios 6:6-11

Não é leviandade dizer que o trabalho dignifica o homem, pois quando este se dedica sem preguiça à labuta para cuidar de seu futuro, como faz a formiga, colhe os frutos de seu esforço com honradez e agrada ao coração do orgulhoso Pai.

"O que trabalha com mão displicente empobrece, mas a mão dos diligentes enriquece."

Provérbios 10:4

"Fazei todas as coisas sem murmurações nem contendas; para que sejais irrepreensíveis e sinceros, filhos de Deus inculpáveis, no meio de uma geração corrompida e perversa, entre a qual resplandeceis como astros no mundo."

Filipenses 2:14-15

Se o seu trabalho permite que você coloque comida na mesa sem se humilhar ou fazer coisas ilícitas, não há motivo para que dele reclame. Seja feliz com aquilo que Deus e a vida te proporcionam, pois a leviandade e a ambição sem sentido podem conduzi-lo à perdição.

"Disse-lhes Jesus: 'Meu Pai continua trabalhando até hoje, e eu também estou trabalhando.'"

João 5:17

"As mãos diligentes governarão, mas os preguiçosos acabarão escravos."

Provérbios 12:24

"Quando ainda estávamos com vocês, nós lhes ordenamos isto: se alguém não quiser trabalhar, também não coma. Pois ouvimos que alguns de vocês estão ociosos; não trabalham, mas andam se intrometendo na vida alheia. A tais pessoas ordenamos e

exortamos no Senhor Jesus Cristo que trabalhem tranquilamente e comam o seu próprio pão."

2 Tessalonicenses 3:10-12

"Aquele que furtava, não furte mais; antes trabalhe, fazendo com as mãos o que é bom, para que tenha o que repartir com o que tiver necessidade."

Efésios 4:28

Poucas coisas são mais satisfatórias do que obter o pão de cada dia com o suor de um trabalho honesto e poder reparti-lo com um irmão necessitado. Fuja, portanto, à tentação do dinheiro fácil do crime, e alegre ao Senhor e ao próximo com sua honestidade e generosidade.

"Como é feliz quem teme ao Senhor, quem anda em seus caminhos! Você comerá do fruto do seu trabalho, e será feliz e próspero."

Salmos 128:1-2

"Plante de manhã a sua semente, e mesmo ao entardecer não deixe as suas mãos ficarem à toa, pois você não sabe o que acontecerá, se esta ou aquela produzirá, ou se as duas serão igualmente boas."

Eclesiastes 11:6

"Quem relaxa em seu trabalho é irmão do que o destrói."

Provérbios 18:9

"A riqueza de procedência vã diminuirá, mas quem a ajunta com o próprio trabalho a aumentará."

Provérbios 13:11

Que Deus sempre dê forças ao trabalhador honesto para que cresça em riquezas, e que este seja grato pelas bênçãos de Deus no ato de partilha com os necessitados.

"Em todo trabalho há proveito, mas ficar só em palavras leva à pobreza."

Provérbios 14:23

"Eis aqui o que eu vi, uma boa e bela coisa: comer e beber, e gozar cada um do bem de todo o seu trabalho, em que trabalhou debaixo do sol, todos os dias de vida que Deus lhe deu, porque esta é a sua porção. E a todo o homem, a quem Deus deu riquezas e bens, e lhe deu poder para delas comer e tomar a sua porção, e gozar do seu trabalho, isto é dom de Deus."

Eclesiastes 5:18-19

"Não ames o sono, para que não empobreças; abre os teus olhos, e te fartarás de pão."

Provérbios 20:13

"Há um que é só, e não tem ninguém, nem tampouco filho nem irmão; e contudo não cessa do seu trabalho, e também seus olhos não se satisfazem com riqueza; nem diz: Para quem

trabalho eu, privando a minha alma do bem? Também isto é vaidade e enfadonha ocupação."

Eclesiastes 4:8

O trabalho deixa de engrandecer o homem quando este passa a enxergá-lo apenas como uma forma de acumular lucro, esquecendo-se que a verdadeira riqueza reside na Palavra de Deus e na vida cristã, que é livre dos vícios e acolhedora das virtudes que o dinheiro não pode comprar.

Vício

"E não nos conduzas à tentação; mas livra-nos do mal; porque teu é o reino, e o poder, e a glória, para sempre. Amém."

Mateus 6:13

"Invejas, homicídios, bebedices, glutonarias, e coisas semelhantes a estas, acerca das quais vos declaro, como já antes vos disse, que os que cometem tais coisas não herdarão o reino de Deus."

Gálatas 5:21

Deus, em sua misericórdia imensurável, não aceita os que estão entregues à perversão e conscientes de seus pecados, mas aqueles que, mesmo tendo cometido erros, se mostram verdadeiramente arrependidos e clamam pela vida jubilosa e eterna ao lado do Pai.

"E não vos embriagueis com vinho, em que há contenda, mas enchei-vos do Espírito."

Efésios 5:18

"Todas as coisas me são lícitas, mas nem todas as coisas convêm. Todas as coisas me são lícitas, mas eu não me deixarei dominar por nenhuma."

1 Coríntios 6:12

"Portanto, submetam-se a Deus. Resistam ao diabo, e ele fugirá de vocês."

Tiago 4:7

"Respondeu-lhes Jesus: Em verdade, em verdade vos digo que todo aquele que comete pecado é servo do pecado."

João 8:34

Quão humilhante é se ver escravo da bebida, da droga ou da devassidão. Se é esta sua situação, clame pelo Nosso Senhor, que socorre com todo Seu amor o filho necessitado e o salva da perdição para lhe dar uma vida plena.

"O vinho é escarnecedor, a bebida forte alvoroçadora; e todo aquele que neles errar nunca será sábio."

Provérbios 20:1

"Assim também vós considerai-vos certamente mortos para o pecado, mas vivos para Deus em Cristo Jesus nosso Senhor. Não reine, portanto, o pecado em vosso corpo mortal, para lhe obedecerdes em suas concupiscências; nem tampouco apresenteis os vossos membros ao pecado por instrumentos de iniquidade; mas apresentai-vos a Deus, como vivos dentre mortos, e os vossos membros a Deus, como instrumentos de justiça."

Romanos 6:11-13

"Porque a graça salvadora de Deus se há manifestado a todos os homens, ensinando-nos que, renunciando à impiedade e às concupiscências mundanas, vivamos neste presente século sóbria, e justa, e piamente."

Tito 2:11-12

"Não veio sobre vós tentação, senão humana; mas fiel é Deus, que não vos deixará tentar acima do que podeis, antes com a tentação dará também o escape, para que a possais suportar."

1 Coríntios 10:13

Deus nunca nos dá peso maior do que podemos carregar, e não é diferente com a tentação. Evita-a, e sua força será recompensada com o amor incondicional do Pai e a vida eterna.

"Estai, pois, firmes na liberdade com que Cristo nos libertou, e não torneis a colocar-vos debaixo do jugo da servidão."

Gálatas 5:1

"Ai dos que se levantam cedo para embebedar-se, e se esquentam com o vinho até à noite. Harpas e liras, tamborins, flautas e vinho há em suas festas, mas não se importam com os atos do Senhor, nem atentam para obra que as suas mãos realizam."

Isaías 5:11-12

Liberte-se de uma vida entregue ao vício antes que a perdição tome seu espírito por completo. Encontre em Deus o verdadeiro motivo de gozo, e Nele viva pelo resto de seus dias.

"De quem são os ais? De quem as tristezas? E as brigas, de quem são? E os ferimentos desnecessários? De quem são os olhos vermelhos? Dos que se demoram bebendo vinho, dos que andam à procura de bebida misturada. Não se deixe atrair pelo vinho quando está vermelho, quando cintila no copo e escorre suavemente! No fim, ele morde como serpente e envenena como víbora. Seus olhos verão coisas estranhas, e sua mente imaginará coisas distorcidas. Você será como quem dorme no meio do mar, como quem se deita no alto das cordas do mastro. E dirá: 'Espancaram-me, mas eu nada senti! Bateram em mim, mas nem percebi! Quando acordarei para que possa beber mais uma vez?'."

Provérbios 23:29-35

Vida

"E a vida eterna é esta: que te conheçam, a ti só, por único Deus verdadeiro, e a Jesus Cristo, a quem enviaste."

João 17:3

"E o testemunho é este: que Deus nos deu a vida eterna; e esta vida está em seu Filho."

1 João 5:11

"Porque em ti está o manancial da vida; na tua luz veremos a luz."

Salmos 36:9

"O ladrão não vem senão a roubar, a matar, e a destruir; eu vim para que tenham vida, e a tenham com abundância."

João 10:10

O mal nos tenta o tempo todo a fim de nos tirar do caminho da vida eterna. Para nos ajudar, Jesus Cristo surge como uma luz para nos mostrar o bem e Deus.

"E Jesus lhes disse: Eu sou o pão da vida; aquele que vem a mim não terá fome, e quem crê em mim nunca terá sede."

João 6:35

O Senhor nos diz que é fonte de fé e amor. Todo aquele que crê em Jesus Cristo nunca se sentirá desamparado, pois o amor do filho de Deus por nós é infinito.

"E eis que se levantou um certo doutor da lei, tentando-o, e dizendo: Mestre, que farei para herdar a vida eterna? E ele lhe disse: Que está escrito na lei? Como lês? E, respondendo ele, disse: Amarás ao Senhor teu Deus de todo o teu coração, e de toda a tua alma, e de todas as tuas forças, e de todo o teu entendimento, e ao teu próximo como a ti mesmo. E disse-lhe: Respondeste bem; faze isso, e viverás."

Lucas 10:25-28

O maior dos ensinamentos de Jesus Cristo é mais uma vez revelado nas palavras do Senhor. Está destinado ao Reino do Pai todo aquele que amar e respeitar ao próximo como a si mesmo, além de ter o Deus Todo-Poderoso como seu Senhor.

"Porque o que semeia na sua carne, da carne ceifará a corrupção; mas o que semeia no Espírito, do Espírito ceifará a vida eterna."

Gálatas 6:8

Todo aquele que prioriza os bens materiais acima de tudo não tem uma boa vida; mas todo aquele que conserva sua fé e segue os preceitos de Jesus Cristo, fazendo o bem em tudo em sua vida, caminha na direção do Pai.

"Mas aquele que beber da água que eu lhe der nunca terá sede, porque a água que eu lhe der se fará nele uma fonte de água que salte para a vida eterna."

João 4:14

"Porque o salário do pecado é a morte, mas o dom gratuito de Deus é a vida eterna, por Cristo Jesus nosso Senhor."

Romanos 6:23

"Na verdade, na verdade vos digo que quem ouve a minha palavra, e crê naquele que me enviou, tem a vida eterna, e não entrará em condenação, mas passou da morte para a vida."

João 5:24

A palavra do Senhor é o alimento de nossa alma, aquilo que nos faz bem e nos ajuda na caminhada pela vida. Todo aquele que seguir seus ensinamentos e tiver fé contribuirá para alcançar a vida eterna.

"E esta é a promessa que ele nos fez: a vida eterna."

1 João 2:25

"Ouve, filho meu, e aceita as minhas palavras, e se multiplicarão os anos da tua vida."

Provérbios 4:10

Deus enviou seu Filho não só para retirar os nossos pecados, mas para ser um guia de como devemos nos portar ao longo da vida. Jesus trouxe a sabedoria do Pai para nosso cotidiano e cabe a nós praticar a nossa fé em cada dia de nossas vidas.

"Entrai pela porta estreita; porque larga é a porta, e espaçoso o caminho que conduz à perdição, e muitos são os que entram por ela; e porque estreita é a porta, e apertado o caminho que leva à vida, e poucos há que a encontrem."

Mateus 7:13-14

O caminho fácil do pecado é tentador e nos tenta a todo tempo. O caminho difícil da fé nos coloca à prova, mas Deus está ao nosso lado para nos manter firmes. Nunca deixe as tentações guiarem sua vida e busque a Deus nas dificuldades, pois Ele estará sempre junto a ti.

"As minhas ovelhas ouvem a minha voz, e eu conheço-as, e elas me seguem; e dou-lhes a vida eterna, e nunca hão de perecer, e ninguém as arrebatará da minha mão."

João 10:27-28

O povo de Deus acolhe a palavra do seu Senhor a fim de praticar o bem comum. Todo aquele que seguir o Senhor será amparado de todo mal, pois sua força é infinita.

"Porque, assim como todos morrem em Adão, assim também todos serão vivificados em Cristo."

1 Coríntios 15:22

O pecado original nos afastou de Deus e tenta, até hoje, que fiquemos longe do Pai. Por outro lado, todo aquele que segue Jesus Cristo, se distancia do pecado, pois ele viveu e morreu por nós.

"Mas, como é santo aquele que vos chamou, sede vós também santos em toda a vossa maneira de viver, porquanto escrito está: Sede santos, porque eu sou santo."

1 Pedro 1:15-16

"Mas em nada tenho a minha vida por preciosa, contanto que cumpra com alegria a minha carreira e o ministério que recebi do Senhor Jesus, para dar testemunho do evangelho da graça de Deus."

Atos 20:24

"Nunca me esquecerei dos teus preceitos, pois por eles me tens vivificado."

Salmos 119:93

Os ensinamentos de Deus devem ser praticados todos os dias a fim de nos tornarmos pessoas melhores. A palavra do Senhor é sagrada e é por ela que chegamos ao Pai.

"Porque, se vivemos, para o Senhor vivemos; se morremos, para o Senhor morremos. De sorte que, ou vivamos ou morramos, somos do Senhor."

Romanos 14:8

"Tu me farás conhecer a vereda da vida, a alegria plena da tua presença, eterno prazer à tua direita."

Salmos 16:11

"O temor do Senhor é fonte de vida, para desviar dos laços da morte."

Provérbios 14:27

"E a vontade do Pai que me enviou é esta: Que nenhum de todos aqueles que me deu se perca, mas que o ressuscite no último dia.

Porquanto a vontade daquele que me enviou é esta: Que todo aquele que vê o Filho, e crê nele, tenha a vida eterna; e eu o ressuscitarei no último dia."

João 6:39-40

"Disse-lhe Jesus: Eu sou o caminho, e a verdade e a vida; ninguém vem ao Pai, senão por mim."

João 14:6

Deus enviou seu Filho para salvar a humanidade do pecado. Jesus esteve entre nós e deixou a palavra do Pai, para que aquele que não tinha mais fé, recuperasse sua fé; para aquele que tinha medo, não tivesse mais medo; para aquele que tivesse pecado, fosse perdoado. Jesus é o Senhor personificado que deu sua vida por nós.

"O caminho para a vida é daquele que guarda a instrução, mas o que deixa a repreensão comete erro."

Provérbios 10:17

"Faze-me conhecer, Senhor, o meu fim, e a medida dos meus dias qual é, para que eu sinta quanto sou frágil. Eis que fizeste os meus dias como a palmos; o tempo da minha vida é como nada diante de ti; na verdade, todo homem, por mais firme que esteja, é totalmente vaidade. (Selá.)"

Salmos 39:4-5

"Cantarei ao Senhor enquanto eu viver; cantarei louvores ao meu Deus, enquanto eu tiver existência."

Salmos 104:33

Devemos saudar o Pai em cada ato e pensamento, para que possamos mostrar nosso amor pelo Senhor. A prática do que Jesus Cristo nos ensinou é parte importante de nossa vida.

"Sobre tudo o que se deve guardar, guarda o teu coração, porque dele procedem as fontes da vida."

Provérbios 4:23

"Porque assim diz o Alto e o Sublime, que habita na eternidade e cujo nome é Santo: Em um alto e santo lugar habito e também com o contrito e abatido de espírito, para vivificar o espírito dos abatidos e para vivificar o coração dos contritos."

Isaías 57:15

Deus é misericórdia e Ele olha pelos seus. Todo aquele que peca, mas se arrepende, deve buscar em Deus a sua redenção, pois Ele age para curar as dores de nossa alma.

"E Jesus lhe respondeu, dizendo: Está escrito que nem só de pão viverá o homem, mas de toda a palavra de Deus."

Lucas 4:4

Jesus Cristo nos chama a atenção sobre o fascínio das coisas materiais e qual é o verdadeiro alimento da fé. Devemos priorizar os ensinamentos de Deus para alimentarmos a nossa fé e nada é mais importante do que o Senhor nos ensinou por meio de seu Filho.

"Porque o amor de Cristo nos constrange, julgando nós assim: que, se um morreu por todos, logo, todos morreram. E ele morreu por todos, para que os que vivem não vivam mais para si, mas para aquele que por eles morreu e ressuscitou."

2 Coríntios 5:14-15

Vitória

"Que diremos, pois, a estas coisas? Se Deus é por nós, quem será contra nós?"

Romanos 8:31

Se seguimos os ensinamentos e praticamos o Deus Todo--Poderoso em sua infinita glória, nada será capaz de nos atingir.

"E disse o Senhor a Josué: 'Não tenha medo desses reis; eu os entreguei nas suas mãos. Nenhum deles conseguirá resistir a você.'"

Josué 10:8

"Prepara-se o cavalo para o dia da batalha, porém do Senhor vem a vitória."

Provérbios 21:31

Todo aquele que crê no Senhor e alimenta sua fé todos os dias, terá a companhia do Pai sobre ti nos momentos mais difíceis.

"Pois o Senhor, o seu Deus, os acompanhará e lutará por vocês contra os seus inimigos, para dar a vitória a vocês."

Deuteronômio 20:4

"Não foi pela espada que conquistaram a terra, nem pela força do braço que alcançaram a vitória, foi pela tua mão direita, pelo teu braço e pela luz do teu rosto, por causa do teu amor para com eles."

Salmos: 44:3

A fé no poder infinito de Deus faz com que possamos eliminar qualquer obstáculo. Todo aquele que crê no Senhor, alcançará seus objetivos, pois Deus é fonte de amor.

"Saudaremos a tua vitória com gritos de alegria e ergueremos as nossas bandeiras em nome do nosso Deus. Que o Senhor atenda todos os teus pedidos! Agora sei que o Senhor dará vitória ao seu ungido; dos seus santos céus lhe responde com o poder salvador da sua mão direita."

Salmos 20:6

"O Senhor está comigo, não temerei. O que me podem fazer os homens? O Senhor está comigo; ele é o meu ajudador. Verei a derrota dos meus inimigos."

Salmos 118:6-7

"Com o teu auxílio posso atacar uma tropa; com o meu Deus posso transpor muralhas."

Salmos 18:29

"O Senhor agrada-se do seu povo; ele coroa de vitória os oprimidos."

Salmos 149:4

O primeiro mandamento nos diz para "amar a Deus sobre todas as coisas", pois ele traz a vitória a todo aquele que tem fé.

"Não diga: 'Eu o farei pagar pelo mal que me fez!' Espere pelo Senhor, e ele dará a vitória a você."

Provérbios 20:22

Nunca pratique a vingança ou a violência ao seu próximo, pois a justiça divina é infinita e não falha.

"Não deixe de falar as palavras deste Livro da Lei e de meditar nelas de dia e de noite, para que você cumpra fielmente tudo o que nele está escrito. Só então os seus caminhos prosperarão e você será bem-sucedido."

Josué 1:8

Não basta somente estudar ou decorar os mandamentos do Senhor. É preciso viver e praticar sua mensagem para que a palavra de Deus faça parte de nossa vida. Só assim você verá as consequências de seus atos.

"Mil poderão cair ao seu lado; dez mil, à sua direita, mas nada o atingirá."

Salmos 91:7

O caminho da vida é difícil e o mal está à espreita, mas mesmo nos momentos mais difíceis, Deus está ao lado daqueles que possuem fé.

"Ao que vencer lhe concederei que se assente comigo no meu trono; assim como eu venci, e me assentei com meu Pai no seu trono."

Apocalipse 3:21

"Pois no dia da adversidade ele me guardará protegido em sua habitação; no seu tabernáculo me esconderá e me porá em segurança sobre um rochedo. Então triunfarei sobre os inimigos que me cercam. Em seu tabernáculo oferecerei sacrifícios com aclamações; cantarei e louvarei ao Senhor."

Salmos 27:5-6

"Guiar-me-ás com o teu conselho, e depois me receberás na glória."

Salmos 73:24

"E o Verbo se fez carne, e habitou entre nós, e vimos a sua glória, como a glória do unigênito do Pai, cheio de graça e de verdade."

João 1:14

Deus nos enviou seu filho único como símbolo de seu amor. Jesus, em toda sua passagem pela Terra, foi uma fonte de sabedoria a todos, mostrando os ensinamentos e os caminhos dos Pai.

TIPOGRAFIA: ADVENTURES UNLIMITED E BEMBO